CONTACT•
13

Gedruckt mit Unterstüzung der Südtiroler Landesregierung,
Amt für deutsche Kultur

IMPRESSUM

I – 39012 Merano/Meran (BZ), via Portici 246 Laubengasse
Impaginazione/Satz: A&D, Castelfranco di Sopra (AR)
Stampa/Druck: Global Print, Gorgonzola (MI)
ISBN 88-7223-055-1

Johann Drumbl

Das Sprachen-Portal

Inferenz und Spracherwerb in mehrsprachiger Lernumgebung

2. erweiterte Auflage

alpha beta verlag edizioni

Inhalt

Vorwort 7

Bausteine zur Theorie und Praxis des Fremdsprachenerwerbs 13

Konstruktivistische Lernpraxis für Deutsch als Fremdsprache 23

Inferenz und Lernen im Sprachkontakt 55

Textkompetenz in Erst- und Zweitsprache 73

Ausblick: Authentizität, Adhärenz, Versöhnung 103

Nachwort 113

Nachwort zur zweiten Auflage 117

Literatur 123

Vorwort

Mehrsprachigkeit besteht aus einem Bündel unterschiedlich weit entwickelter Kompetenzen in verschiedenen Sprachen. Nur Spezialisten wie beispielsweise Dolmetscher und Fachübersetzer müssen in bestimmten Bereichen ihrer beruflich relevanten Sprachen ein vergleichbar hohes Kompetenzniveau erreichen. Alle anderen Mitglieder einer Sprachgemeinschaft können sich mit Teilkompetenzen begnügen. Selbst solche eingeschränkten Kompetenzen werden über einen langen Zeitraum hin erworben und gefestigt, wobei Schule, Universität und berufliche Weiterbildung in verschiedenen Lebensmomenten der Menschen eine Rolle spielen.

Das vom Europarat geförderte Projekt des Sprachenportfolios trägt diesem Umstand Rechnung und bietet einen Rahmen für den gesteuerten und ungesteuerten Spracherwerb unter den unterschiedlichsten Arbeitsbedingungen. Eine einschneidende Neuerung des Sprachenportfolios ist die Selbstevaluation. Die Lernenden werden aufgefordert, selbst einen Teil der Verantwortung für ihren Fortschritt im Umgang mit den Sprachen zu übernehmen, die in ihrem Leben von Bedeutung sind. Für die Lehrenden, deren Rolle in der Beobachtung und Beratung der Lernenden besteht, wird an diesem Punkt eine Bestandsaufnahme der positiven Lernerfahrungen notwendig. Notwendig wird aber auch die Analyse der kontingenten wie der historisch gewachsenen Hindernisse auf dem Weg zum effizienten Spracherwerb in gesteuerten Lernsituationen.

Ich versuche, der Summe aus den positiven Erfahrungen die Form einer allgemein zugänglichen Erfahrung zu geben. Die Metapher des Sprachen-Portals steht für den erfolgreichen Zugang zu einer neuen Sprache.

Diese Arbeit ist weder ein Beitrag zur Spracherwerbsforschung noch der Entwurf einer neuen Sprachlehrmethode. Die Beschreibung von schulischen und von „nicht-schulischen“ Lernprozessen dient vielmehr der Erkenntnis der kognitiven Prozesse, die während der jeweiligen Arbeitsphasen von Lernenden sichtbar werden. Auch dort, wo ich explizit von einer „Verbesserung" des Lernens spreche, werden nur Hinweise auf Prozesse gegeben, die nach Ausweis der „guten" Lerner eben dort nachgewiesen werden können, wo effizientes Lernen stattfindet.

Die hier beschriebenen Lernsituationen und die Lösungsvorschläge sagen dem erfahrenen Lehrer wahrscheinlich nicht viel Neues, auch die Lernenden werden die Verhaltensmuster beim Spracherwerb in der Schule wiedererkennen. Wer sich der zweiten oder dritten Sprache in kommunikativen Lernsituationen, in gemeinschaftlichen Lernmodellen wie Tandem oder in kognitiv orientierten Lernsituationen nähert, wird zusätzlich zur Bestätigung für den bereits eingeschlagenen Weg auch Hinweise auf die „unsichtbaren" Faktoren von Erfolg und Misserfolg beim Spracherwerb finden.

Die Erfahrungen, die hier vorgestellt und analysiert werden, sollen nicht „belehren", sondern Lehrenden und Lernenden in kritischen Situationen Hilfe bieten. Bei allen Versuchen, das Lernverhalten mit den methodischen Ansätzen der jüngsten Kognitionsforschung besser zu verstehen, steht ein didaktisches Ziel im Hintergrund, das von Wittgenstein (1977: 80) unübertrefflich anschaulich formuliert wurde:
„Wenn dieser Stein sich jetzt nicht bewegen will, wenn er eingekeilt ist, beweg erst andere Steine um ihn herum. – Wir wollen dich nur richtig auf die Bahn setzen, wenn dein Wagen schief auf den Schienen steht. Fahren lassen wir dich dann allein."

Meine Arbeit setzt an bei der Analyse des Lernerverhaltens in formalen Unterrichtssituationen in Schule und Universität und speziell bei der Beobachtung von frühen Fossilisierungserscheinungen beim Spracherwerb. Als Folge der – erfolgreichen – Versuche, diese Fossilisierungen wieder rückgängig zu machen, ist ein Programm entstanden, das den Sprachunterricht für Anfänger so zu beeinflussen versucht, dass derartige Fossilisierungen gar nicht erst auftreten.

Als Schlüsselerlebnis zeigt sich die „sanfte Eroberung" der deutschen Prosodie durch erwachsene italienische Lernende, die in selbstgesteuerter Gruppenarbeit und ohne jedes Nachsprechen von Modellen erreicht werden kann. Die Tatsache, dass erwachsene Lernende durch Erproben prosodischer Muster vor dem Hintergrund der Erfahrung in der Muttersprache spontan eine hervorragende prosodische Kompetenz in der neuen Sprache erreichen können, bestätigt die fundamentale Funktion der Prosodie als Voraussetzung für den Spracherwerb des Neugeborenen (Weinert 1990, Ramus 1999).

Beim erwachsenen Lernenden werden dabei Erst- und Zweitsprache über ein Handlungsmodell verknüpft, das den Sprechakt in der zweiten Sprache inferenziell mit der zuvor in der Erstsprache erlebten Situation verbindet. Diese „inferenzielle Kompetenz" erweist sich als ein Schlüssel für effizientes Lernen von Sprachen in formalen Lernsituationen.

„Inferenz" – nicht zu verwechseln mit dem aus dem Sprachkontakt bekannten Begriff der „Interferenz" – wird in der philosophischen Fachsprache für verschiedene Formen der Ableitung einer Wahrheit aus einer anderen verwendet; sie gehört jedoch nicht in den Bereich der Logik, sondern zum Denken in den vielfältigen Situationen des Alltags.

In der Linguistik und Semiotik hat die Inferenz seit Peirce Heimatrecht und findet in der Nachfolge der Pionierarbeiten von Paul Grice und der *Relevance Theorie* (Sperber/Wilson 1986) immer stärkere Beachtung. Seit dem Standardwerk von P. N. Johnson-Laird, *Mental Models. Towards a Cognitive Science of Language, Inference and Consciousness* aus dem Jahr 1983 gehört das Wissen um inferenzielle Prozesse zu den Grundlagen der Kognitionswissenschaften. Im Zusammenhang mit Lernerverhalten und konstruktivistischen Lernmodellen spielen inferenzielle Prozesse eine Rolle beim Verknüpfen des Neuen mit der eigenen, auch der muttersprachlichen, Erfahrung.

Durch inferenzielle Tätigkeit wird die Erfahrung und das implizite Wissen der Menschen funktional mit dem Moment des Handelns verknüpft.

Beim Sprechen und beim Spracherwerb des Kleinkindes sind inferenzielle Prozesse so selbstverständlich, dass sie normalerweise unbeachtet bleiben. Aber auch erwachsene Lernende erleben das Sprechen in der Lernsituation als Handeln vor dem Wissenshintergrund und in einem situativen Kontext, bei dem ihre gesamte Erfahrung, die des Körpers, der Emotionen und des Intellekts genau so zusammenwirken wie in jedem Moment einer „normalen" Lebenssituation.

In der allgemeinsten Form wird mit dem explizit gemachten Begriff der Inferenz also die Erkenntnis angesprochen, dass Spracherwerb im Kontext der emotionellen und kognitiven Aspekte des Menschen in seiner körperlichen und geistigen Einheit stattfindet. Wenn diese Bereiche, wie so oft in formalen Lernsituationen, getrennt werden, können sie durch bewusst eingesetzte inferenzielle Arbeitsstrategien wieder zusammengeführt werden.

Zu dieser „natürlichen" Einbettung der Sprache in die Lebenssituation gehört auch die Ausrichtung auf andere Menschen, gehören Lernsituationen mit gegenseitiger Hilfeleistung der Lernenden. Ungeahnte Leistungsschübe sind möglich, wenn die Lernenden auf eine natürliche, ihnen angemessene Weise, ohne Stress und Leistungsdruck mit und in der neuen Sprache Erfahrungen machen, Neues erkennen, erproben und mit Freunden gemeinsam erarbeiten.

Freunde, Menschen, denen man vertraut, gehören aber nicht einfach zur Ausstattung der Lernumgebung, man muss sie gewinnen. Diese Rollen zu schaffen ist der erste Schritt zum erfolgreichen Spracherwerb. Als Grundbedingung zeigt sich eine „Ausrichtung auf den Anderen" (Don Milani), die es mit sich bringt, dass Lernen nicht primär als Erwerb von Wissen mit einem Nutzwert für den späteren persönlichen Gebrauch erfahren wird, sondern in kommunikativer Ausrichtung auf andere Menschen hin. Diese Intention auf den Nächsten hin entgründet Stress und Angst vor dem Versagen und bringt die positiven Kräfte der Lernenden zur Entfaltung.

Diese Formulierung soll nicht als Wunschdenken eines enttäuschten Praktikers missverstanden werden. Die Verknüpfung von Emotion und Kognition und die kommunikative Ausrichtung der Erfahrung gehören zu den konsolidierten Erkenntnissen der *Embodied-Mind*-Konzeption der Kognitionswissenschaften (Lakoff 1987, Varela/Thompson/Rosch 1992, Clark 1998, Núñez-Freeman 1999). Einen Ausgangspunkt für didaktische Anwendungen im Bereich dieser kognitiven Forschung der „zweiten" Generation stellt auch die Vermittlung von Psychologie und Kultur in den *Acts of Meaning* von Jerome Bruner aus dem Jahr 1990 dar. Die individuell erfassbare Bedeutung wird von Bruner in entschiedenem Gegensatz zu den in den 80er Jahren vorherrschenden Theorien der Kognitionswissenschaften als kulturell entstandenes, sozial vermitteltes und in der Interaktion erfahrbares Ereignis dargestellt. Bruner bringt somit die Grundthese von Vygotskij zur vollen Entfaltung, die in der Form, wie sie in den 60er Jahren rezipiert wurde, den Ausgangspunkt meiner eigenen Arbeiten darstellt.

Das Buch erscheint zum Antritt meiner neuen Stelle an der Fakultät für Bildungswissenschaften in Brixen. Es ist aber nicht spezifisch auf die sprachliche Situation in Südtirol ausgerichtet. Die im Untertitel angesprochene „Mehrsprachigkeit" meint die Situation der jungen Europäer von heute, in deren sozialem und schulischem Umfeld mindestens drei Sprachen eine Rolle spielen.

Das Manuskript ist nicht als homogen verfasstes Buch entstanden, sondern musste vielfältigen Lehrverpflichtungen sowie der administrativen Belastung als Dekan in den schwierigen ersten Jahren an der neu gegründeten Philosophischen Fakultät der Universität Modena und Reggio Emilia stückweise abgerungen werden. Teile des zweiten Kapitels gehen auf einen Beitrag zurück, der unter dem Titel „Ein konstruktivistisches Lernmodell für Deutsch als Fremdsprache. Erfahrungen in Italien 1975–2000", in: J. Meixner/K. Müller (Hrsg.), Konstruktivistische Schulpraxis. Beispiele für den Unterricht, Neuwied, Berlin, Luchterhand 2001 erschienen ist. Ich danke Klaus Müller für die Aufforderung, an dem Sammelband mitzuwirken, mit der er mir geholfen hat, alte und neue Schreibhemmungen zu überwinden.

Auf die in den letzten Jahren immer intensivere Zusammenarbeit mit Graz, für die ich Paul Portmann-Tselikas herzlich danke, gehen weitere Teile des Buches zurück. Das erste und das vierte Kapitel sind im Band der Grazer Tagung des vergangenen Jahres erschienen: P.R. Portmann-Tselikas/S. Schmölzer-Eibinger (Hrsg.), Grammatik und Sprachaufmerksamkeit, Innsbruck, Studien-Verlag 2001.

Für Hilfe, Anregungen und für die Unterstützung des Ansatzes, in den 70er Jahren zu einer soziolinguistisch ausgerichteten Sprachdidaktik zu kommen, danke ich Marianello Marianelli, Cesare Cases, Alberto Destro und Mazzino Montinari. Meine Arbeit erhielt damals entscheidende Impulse durch Tullio de Mauro, Raffaele Simone, Alberto Mioni, Gaetano Berruto und die beispielhaften Figuren aus der Schulpraxis jener Jahre, Don Milani, Mario Lodi und Gianni Rodari – zu denen ich heute noch Loris Malaguzzi hinzufügen möchte.

In den Jahren an der Katholischen Universität Mailand hat das Projekt entscheidende Impulse erhalten durch die generelle Ausrichtung der Fakultät auf sprachdidaktische Fragestellungen, die Sergio Cigada zu danken ist, der zudem den Fachbereich Deutsch als Fremdsprache großzügig gefördert hat. Die Teamarbeit an der Cattolica hatte in Ilsemarie Brandmair, Federica Missaglia, Dorothee Heller und Stefanie Vogler wichtige Stützen, die entschieden zum Gelingen der hier referierten Untersuchungen beigetragen haben.

In Modena war Antonie Hornung meine ständige Gesprächspartnerin auf dem gemeinsamen Weg. Ihr sind auch erste Versuche zum Immersionsunterricht in formalen Unterrichtssituationen zu danken, die als Leitbild für die Erneuerung des Sprachunterrichts an der Schule dienen können.

Giuliano Bernini und Marcello Soffritti standen mir in all diesen Jahren immer mit Rat und Tat zur Seite. Für eingehende Diskussion vieler Fragen und für anregende Kritik zum gesamten Manuskript danke ich Federica Missaglia, Dorothee Heller, Sabine Schmölzer-Eibinger, Antonie Hornung, Kurt Egger, Franz Lanthaler und Horst Sitta. Was an Unfertigem und Unausgereiftem stehen geblieben ist, muss ich verantworten.

Brixen, Dezember 2001

Bausteine zur Theorie und Praxis des Fremdsprachenerwerbs

In den letzten Jahrzehnten hat sich im Bereich Deutsch als Fremdsprache ein bedeutender Wandel weg von den „großen" Theorien hin zu Forschungsansätzen empirischer Ausrichtung vollzogen, die mit Analysen des Lernerfolgs und der Lernerfahrungen einzelner Lernender oder von Gruppen von Lernenden einen Teil des Programms einer umfassenden Spracherwerbsforschung abstecken. In Analogie zum Forschungsbereich der Kognitionswissenschaften werden mit Hilfe einzelner Fallstudien Einsichten in Regelmäßigkeiten des jeweils untersuchten Ablaufs von Lernprozessen gewonnen. Jeder Beitrag ist in dieser Phase als Mosaikstein unter anderen anzusehen, die gemeinsam dazu beitragen können, die komplexen Probleme des Spracherwerbs unter den vielfältigen und stark divergierenden situativen Bedingungen zu erhellen.

Im Rahmen des „zweisprachigen" Lernmodells sprechen wir übrigens immer von „Zweitsprache", da die „Fremdsprache" vom ersten Tag des Unterrichts an als Arbeitssprache eingesetzt werden soll und kann. Als Überbegriff für den Prozess und das Ziel wird „Spracherwerb" verwendet.

Der äußere Rahmen für die Beobachtung der Lernprozesse wie ihrer Störungen, die ich hier referiere, ist eine zweisprachige Lernsituation, in der die Kompetenz in beiden beteiligten Sprachen beachtet wird und gefördert werden soll. In vielen Fällen hat sich gezeigt, dass Studierende mit geringen Lernfortschritten auch Sprachdefizite in der Muttersprache aufweisen. Lernhemmungen oder systematische Fehlleistungen beim gesteuerten Spracherwerb verweisen auf ein Defizit in der Muttersprache, das ebenso behoben werden muss, wie das zuvor sichtbar gewordene Defizit in der Zweitsprache.

Meine Beiträge zum gesteuerten Zweitsprachenerwerb sind stark den spezifischen Problemen in Italien verpflichtet. Die in vielen Fällen konstatierten negativen Ergebnisse des Fremdsprachenunterrichts in den italienischen Schulen und Universitäten werden üblicherweise mit einer Fülle von Einzelfaktoren assoziiert: rigides Verhalten der Lernenden, Angst, Stress, zwanghaftes Auswendiglernen, Zurückdrängen individueller Kreativität, Trennung von Emotion, Intention und Sprechen, negative Selbsteinschätzung und Hemmungen beim Schreiben und Sprechen, dazu noch frühe und unüberwindlich scheinende Fossilisierungserscheinungen im Bereich der Grammatik und der Prosodie. Daneben erleben wir aber auch unerklärliche Lernerfolge, die nicht auf bestimmte Merkmale der Lernenden zurückgeführt werden können und die daher ohne Erklärung bleiben.

Zum Bild des Defizits und der vielfältigen „Störungen", das dem Bild der Multifunktionalität kognitiver Tätigkeiten und Module im Gehirn des Menschen korrespondiert, gehört auch die Erkenntnis, dass wir überhaupt erst im Moment der gestörten Funktionalität Einblick in den Ablauf dieser Prozesse gewinnen können. Das Sprachverhalten von Behinderten macht Bahnen und Funktionen sichtbar, die beim normalen Ablauf unsichtbar bleiben.

Schlechte Leistungen beim Spracherwerb zu erforschen ist daher ein dringendes Desiderat. Dabei ist, wie es der Tradition der Erforschung von kognitiven Leistungen und Defiziten entspricht, nicht die Anzahl der Probanden entscheidend; das Ziel dieser Arbeiten ist vielmehr die Analyse von singulären Merkmalen und eventuell erkennbaren Korrelationen zwischen den Merkmalen. Die korrelierenden Merkmale haben den Status von hypothetischen Ergebnissen und können als Maßstab für analoge Untersuchungen mit weiteren Probanden dienen.

Erfolgreiche Momente können weniger erfolgreichen gegenübergestellt werden, in der Hoffnung, Konstanten des einen wie des anderen zu entdecken. Lernen geschieht mit Hilfe vielfältiger parallel ablaufender Prozesse, die zum Großteil unbekannt sind, und deren gegenseitige Beeinflussung völlig unerforscht ist. Konsens herrscht nur über einen Faktor: Stress und Angst stellen eine extrem wirksame Blockade für das Lernen von Sprachen dar. Aber es gibt noch andere Blockaden, die uns unbekannt sind, und es gibt – durch einen denkwürdigen Selbstversuch nachgewiesen – Lernmomente, die trotz stressfreien Lernens und der Zufriedenheit des Lernenden nicht erfolgreich waren.

Ein solcher Lerner war Roger Brown, wie er selbst in der Einleitung zu seinem Buch „A First Language, The Early Stages“ berichtet. Um den Effekt des Sprachenlernens selbst zu erleben und zu überprüfen, ... Immersion-Kurs in Japanisch, einer Spra- ...nt war. Hier sein Bericht nach zwei Wochen

... course (two weeks was all I allotted) I was ... by a Japanese friend. He, thinking to give me ... anese: ‚Where is your car?‘ I was completely ... othing of the sentence except that it called for ... t my peak accomplishments had been narro- ... cedure in which almost all of a sentence was ... need to be processed deeply at all, leaving all ... us on some single new element and get that ... er simple, drawn from the total construction ... s a very different thing from the same sentence ... ramid of practice.“ (Brown 1973: 5–6; zitiert in

Jeder ... nt Fragmente der Vorgänge, die sein eigenes oder das Lernen anderer betreffen. Wenn viele Beobachter unterschiedliche Momente geglückten oder misslungenen Lernens analysieren, haben wir vielleicht die Chance, solche Fragmente zu einem Bild zu ordnen.

Erfolg und Misserfolg in genau beschreibbaren Momenten des Spracherwerbs kann man einen gleichwertigen Status als Erkenntnis-

---

* Am letzten Tag meines Kurses – ich hatte mir 2 Wochen zugestanden – holte mich ein japanischer Freund von der Sprachschule ab. Er wollte es mir einfach machen und fragte auf Japanisch: „Wo ist dein Auto?“ Ich verstand kein Wort, nur, dass der Satz nach einer Antwort verlangte.
Ich erkannte, dass meine hervorragenden Leistungen auf Drill-Übungen beschränkt waren, bei denen die einzelnen Teile eines Satzes so intensiv geübt wurden, dass sie keine tiefere Verarbeitung mehr brauchten. Ich konnte meine Aufmerksamkeit daher immer auf die jeweils neuen Elemente richten und sie korrekt einüben. Ein Satz – auch ein ganz einfacher –, der aus dem unendlichen Konstruktionspotential einer Sprache stammt, ist etwas ganz anderes, als der selbe Satz, der mit Hilfe einer Unmenge von Übungen perfektioniert wurde.

mittel zuschreiben. Denn extreme Verhaltensweisen besonders guter oder auffallend schlechter Lernender lassen Merkmale erkennen, die im Mittelmaß unter der Fülle konkomitanter Phänomene untergehen.

Ein Modell der Sprachverarbeitung

Auf dem Weg zu einem Modell der Sprachverarbeitung begnüge ich mich – aus der Außenperspektive durch Beobachtung von Lernprozessen – mit Fallstudien von Lernsituationen und Erfahrungen im Unterricht, die in ihrer Gesamtheit als einzelne Steinchen zu einem Mosaik zusammengefügt werden können. Diese Bruchstücke können aber nur dann zu einem Gesamtbild zusammengesetzt werden, wenn das Bild als Vorstellung bereits existiert, das Bild kann nicht „erfunden“ werden und es wird auch nicht einfach „gefunden“. In diesem hermeneutischen Zirkel steckt die Problematik unserer Forschungsarbeit. (Vgl. Ehlich 1996).

Ein Bild von der Sprache lenkt auch meine Arbeit, und zwar ist es die Werkzeugmetapher, die Wittgenstein in den *Philosophischen Untersuchungen* für die differenzierten Funktionen der Wortarten verwendet: „Wie wenn wir in den Führerstand einer Lokomotive schauen: da sind Handgriffe, die alle mehr oder weniger gleich aussehen. (Das ist begreiflich, denn sie sollen alle mit der Hand angefasst werden). Aber einer ist der Handgriff einer Kurbel, die kontinuierlich verstellt werden kann (sie reguliert die Öffnung eines Ventils); ein anderer ist der Handgriff eines Schalters, der nur zweierlei wirksame Stellungen hat, er ist entweder umgelegt, oder aufgestellt; ein dritter ist der Griff eines Bremshebels, je stärker man zieht, desto stärker wird gebremst; ein vierter, der Handgriff einer Pumpe, er wirkt nur, solange er hin und her bewegt wird.“ (Wittgenstein 1967, 21–22).

In den „Handgriffen“, die zum Greifen da sind, aber ganz unterschiedliche Wirkungen hervorbringen, sehe ich ein Bild der Funktionalität einer ganz bestimmten Ebene der menschlichen Sprachkompetenz. Die Werkzeuge befinden sich auf der Ebene, die dazu dient, *die Steuerung auszuführen* und an die Motorik weiterzuleiten. Die Werkzeuge gehören zu den unterschiedlichen Bereichen der Umsetzung.

Jeder dieser Bereiche kann gestört sein. So kann, um im Bild zu bleiben, die Kurbel an einer bestimmten Stelle der möglichen Drehungen blockiert sein, auch bei Null oder beim Maximum, der Ein-Aus-Schalter ist an einer der beiden Positionen fixiert, der Bremshebel könnte auf der Nullposition unbeweglich geworden sein, aber auch, wie die Handbremse, im angezogenen Zustand, während der Handgriff der Pumpe ohne Bewegung funktionslos geworden ist.

Stellen wir uns jetzt eine Fülle von Varianten selektiver Störung einzelner dieser Werkzeuge in nicht vorhersehbaren Positionen vor und wir erhalten das Bild einer Vielzahl von mehr oder weniger drastischen Störungen der Gesamtfunktion dessen, was mit Hilfe dieser Griffe in Funktion gebracht und gehalten werden sollte.

Die Steuerung erfolgt mit Hilfe von Informationen, die im Moment des Steuerns zur Verfügung stehen und die bei normalem Ablauf an die Werkzeugebene übermittelt werden. Als Steuermechanismus haben wir uns wohl eine „Intention" der Steuerung vorzustellen.

Auch das Verhalten von Lernenden kann in Analogie zu dieser Aufgabentrennung von Intention und mechanischer Ausführung mittels „Werkzeugen" gesehen werden. Das Sprachverhalten vieler Schüler beim Fremdsprachenlernen und beim Üben ist durch die Konzentration auf die Werkzeugebene gekennzeichnet. Steuerung durch Erfahrung, Emotion, Weltwissen, Inferenzen und das, was wir den gesunden Menschenverstand nennen, ist dabei weitgehend ausgeschaltet.

Ohne die erstmalige und die kontinuierlich erneuerte Aktivierung der Steuerungsebene durch die Erfahrung bleibt die Steuerung ein schlecht funktonierendes Instrument der kognitiven Tätigkeit. Die schlechten Lernergebnisse unserer Schüler legen Zeugnis ab von einer eingeschränkten kognitiven Funktionalität, die ohne die im Moment des gesteuerten Spracherwerbs entstandenen Spuren unsichtbar geblieben wäre.

Die Atemeinheit

Das hier vorgestellte Modell der Sprachverarbeitung erfüllt eine heuristische Funktion, die eine so grob auflösende Darstellung vielleicht rechtfertigt. Wir betrachten die Dinge aus weiter Ferne und das Bild der Steuerung läuft Gefahr, Opfer einer Spontaninterpretation zu werden, dass wir die Steuerung nämlich als gerade das ansehen, was sie nicht ist, nämlich als das Bild eines uns bereits gut vertrauten Sachverhaltes. So suggeriert das Bild der Handgriffe im Lokomotivführerstand als handelnde Instanz einen Lokomotivführer in unserem Kopf, der die Daten der Situation umsetzt in Handlungsschritte zur Beeinflussung der Maschine. Diese Interpretation des Bildes gilt es zu überwinden.

Bei einem Intensivkurs in einer isolierten internatsähnlichen Lernsituation wurden die deutschen Zahlen geübt. Von den 20 Lernenden gelang es nur Chiara nicht, die Zahlen des Typs „25“ mit dem Wortakzent auf der Einerstelle und dem Umlaut korrekt zu sprechen. Nichts half, nicht die Unterstützung der *peers*, nicht die Einbettung der Zahlen in situative Momente, nicht die Parallele zu anderen deutschen Komposita. In der nachfolgenden Pause wurden Getränke verteilt und alle nippten, ähnlich wie bei einem Stehbuffett, bei Small Talk auf Deutsch an den Getränken. Aber erst als sie locker an der Wand lehnte, sprach sie die Sätze und die Zahlen fehlerfrei. Kaum stand sie wieder normal unter den Mitlernenden, war alles wieder vorbei. Es gab keinen Weg zurück zum einmal erreichten Ziel, obwohl sie dieses Ziel anscheinend ohne jede Anstrengung erreicht hatte.

Am selben Nachmittag wollte ich einige Studenten ins Nachbardorf schicken, um eine Information einzuholen, entschloss mich aber, selbst eine Jogging-Pause zu machen und die Abkürzung durch den Wald zu nehmen. Ich lud Chiara ein, mitzukommen, und sie lief, untrainiert, schwer atmend und bald erschöpft, neben mir her. Während des Laufens sollte sie die Zahlen von zwanzig aufwärts laut sprechen. Und die Zahlen kamen alle mit dem gewünschten Wortakzent, mit den Umlauten, mit der Auslautverhärtung, usw. über ihre Lippen. Das war alles nicht geplant und entsprach keiner konsolidierten Übungspraxis und auch keiner theoretisch untermauerten Vorstellung von Sprachverarbeitung. Aber das Ergebnis war eindeutig. Das beim Laufen gelernte Intonationsmuster war nach dem Laufen stabil verfügbar.

Ich habe lange nicht mehr an diese Episode gedacht, bis ich vor kurzem auf einen Passus in Philip Liebermanns Buch „Uniquely Human. The Evolution of Speech, Thought, and Selfless Behavior“ stieß. Liebermann gibt eine Darstellung des Atmens als Ziel einer umfassenden kognitiven Tätigkeit, die direkte Folgen für unsere Vorstellung von Sprechen und Spracherwerb hat:

„The muscular maneuvers that we perform when we fill our lungs with air in order to speak involve complex planning across the span of an entire sentence. Human speakers usually estimate the length of time it will take to produce all the words of the sentence they *intend* to speak when they inhale before speaking. [...]
The rule or algorithm for taking air into the lungs thus (1) operates across the frame of the entire sentence and (2) takes into account syntactic relationships. The ‚preprogramming' necessary to control the muscles that regulate the airflow and air pressure that determine the melody or intonation of the sentence also involves taking into account whether we are upright or reclining, jogging and conversing with a friend, the amount of fluid in our stomach, and linguistic factors – whether we are asking a yes/no question or emphasizing part of the sentence that we *intend* to speak." (Lieberman 1991, 108).

Der Fall Chiara hat Bedeutung als Baustein für ein Modell der Sprachverarbeitung und des erfolgreichen Spracherwerbs. Chiaras Lernerlebnis zeigt, dass es bei der Verarbeitung von Sprache klar erfahrbare Grenzen der Bewusstheit gibt. Entscheidende Momente der Sprachverarbeitung gehen unbewusst vor sich. In einer ersten, groben Annäherung können wir die Grenze zwischen bewusster (oder bewusst machbarer) und unbewusster Verarbeitung – auch – als eine Grenze der *Quantität* von Sprachelementen ziehen. Die bewussten Eingriffe erfolgen auf der Grundlage von mehr oder weniger großen sprachli-

* Die Muskeltätigkeit, die notwendig ist, um vor dem Sprechen unsere Lungen mit Luft zu füllen, verlangt nach einer komplexen Planung, die den ganzen Satz umfasst. Wenn ein Mensch zu sprechen anhebt, dann schätzt er beim Einatmen die Zeitspanne, die er brauchen wird, um alle Wörter des intendierten Satzes zu sprechen. Die Regel oder der Algoritmus, der das Einatmen regelt, wirkt also über die Länge des ganzen Satzes hinweg und berücksichtigt außerdem noch den syntaktischen Bau. Das ‚Vorprogrammieren' zur Kontrolle der Muskel, die den Fluss und den Druck der Luft regulieren und dabei die Satzmelodie bestimmen, berücksichtigt auch andere Aspekte : ob wir aufrecht stehen oder liegen, oder ob wir beim Joggen mit einem Freund sprechen, wieviel Flüssigkeit unser Magen enthält, dazu noch sprachliche Faktoren: ob wir eine Ja/Nein-Frage stellen oder ob wir einen Teil des Satzes, den wir zu sprechen beabsichtigen, mit besonderem Nachdruck sprechen wollen.

chen Einheiten, sie gelten nicht den Elementen, die am Aufbau solcher Einheiten beteiligt sind.

Chiaras Erfolgserlebnis gibt Aufschluss über unbewusste Vorgänge der Sprachverarbeitung. Die sprachliche Verarbeitung von „Atemeinheiten" ist nach Ausweis dieses Falles der bewussten Bearbeitung oder Analyse nicht zugänglich. Die Verarbeitung kann weder „gelehrt" noch bewusst „gelernt" werden. Der Lernprozess erfolgt spontan und unmittelbar, wenn die Voraussetzungen zur erfolgreichen Verarbeitung erfüllt sind. Entscheidend für den Erfolg beim gesteuerten Spracherwerb sind also auch die unsichtbaren Voraussetzungen.

Die von Liebermann beschriebene motorische prä-emptive Feinsteuerung der Atmung beim Sprechen stellt uns ein Paradigma für den Begriff der „Steuerung" im Rahmen der Sprachverarbeitung zur Verfügung. Die Steuerung ist nicht als bewusste Ausführung von zuvor „gedachten" Wünschen zu verstehen, sondern als komplexer Akt, bei dem „Wünschen", „Planen" und „Durchführen" in einem nicht weiter unterteilbaren Prozess gemeinsam ablaufen.

Mit einer solchen Ebene der „Steuerung" müssen wir bei jedem Sprechakt rechnen. Gegen das traditionelle Bild von Steuerung, bei dem auch ein Steuermann eine Rolle spielt, haben wir uns hier einen Zustand der Elemente vorzustellen, die bei der Steuerung eine Rolle spielen. Die Steuerung erfolgt unbewusst.

Worin bestand nun die Voraussetzung für Chiaras Erfolg? – Darin, dass sie ihre Aufmerksamkeit nicht auf das unlösbare sprachliche Problem richtete, auf die Realisierung des korrekten Wortakzents des Zahlwortes „fünfundzwanzig". Sie richtete ihre Aufmerksamkeit überhaupt nicht auf das Wort, ja nicht einmal auf die Sprache. Sie sprach das Wort einfach im Rhythmus der körperlichen Anstrengung spontan mit ihrem Körper mit. Ihr ungewöhnliches Erfolgserlebnis lässt Schlussfolgerungen zu, die auch für den Lernprozess anderer Lernender gelten können.

Sprache wird erst im Moment der Verwendung zu dem, was sie ist. Sprache ist keine ontologische Entität, die von einem planenden Schöpfergeist in Bewegung gesetzt wird. Die Sätze erhalten ihre Bedeutung nicht aus unergründbaren Quellen, sondern Bedeutung entsteht erst und genau im Moment des Gebrauchs von Sprache.

Also ist auch die Intention kein Moment, den wir uns vor der Realisierung des Sprechaktes denken könnten. Intention ist uns nur fassbar als das Zusammenspielen all der Faktoren, die wir als pragmatische Ebene oder als Steuerungsebene bezeichnet haben.

Wir antworten auf Reize auf der Grundlage unserer gesamten im Lauf des bisherigen Lebens gesammelten Erfahrung. Die Aktivierung der Werkzeugebene erfolgt unbewusst auf der Grundlage älterer Erfahrung in analogen Situationen, also nicht bewusst im jeweiligen Moment des Handelns. Dem sprechenden Menschen gelingt in der einzelnen Situation genau das, wozu ihn seine Lebensgeschichte befähigt.

Konstruktivistische Lernpraxis für Deutsch als Fremdsprache

Einleitung

Konstruktivistische Didaktik hat sich in den letzten 50 Jahren in mehreren Fällen in Situationen schulischen Defizits unabhängig von theoretischen Ansätzen gleichsam als Notwendigkeit entwickelt. Paolo Freire, Caleb Gattegno und Seymour Papert haben in prekären und schwierigen Situationen, auch außerhalb der offiziellen Vermittlungsinstitutionen und der jeweiligen Reformen, gewirkt. Diesen bekannten Beispielen sollen hier didaktische Erfahrungen mit Deutsch als Fremdsprache in Italien beigesellt werden, die als Beleg für die Wirksamkeit konstruktivistischer Lernerfahrungen dienen können.

Die didaktischen Projekte, um die es hier geht, entstanden in den frühen 70er Jahren, als sich die italienische Universität durch eine radikale Änderung der Zugangsbedingungen gleichsam über Nacht zu einer Massenuniversität wandelte. Studenten aus Bergdörfern mit einem dem Weg zum Abitur nicht vergleichbaren schulischen Curriculum wurden zum Studium an allen Fakultäten zugelassen und veränderten drastisch die Arbeitsbedingungen auch im Bereich des Fremdsprachenunterrichts. Als Antwort darauf wurde in den Jahren 1972–1975 an der Universität Bergamo ein Selbstlernprojekt „Deutsch für Italienischsprachige“ konzipiert und mehrfach mit großem Erfolg erprobt.

100 Stunden Deutsch

Theoretische Voraussetzungen

Konstruktivistisches Gedankengut war Anfang der 70er Jahre in Italien über die antibehavioristische Tradition Vygotskij–Leont'ev bekannt geworden. Die wichtigsten Arbeiten von Vygotskij und Leont'ev waren seit 1965 in Italien bekannt, auch Luria wurde zur selben Zeit rezipiert.

Beim Wiederlesen der Arbeiten, die damals den Anstoß für das Lernprojekt gaben, gewinnt Leont'evs Artikel „Einige psycholinguistische Aspekte der Anfangsetappe bei der Spracherlernung" aus dem Jahr 1971 an Gewicht. Eigentlich steht alles, was zu Beginn der 70er Jahre als Auslöser eines lernerzentrierten Fremdsprachenkurses nötig war, in den wenigen Seiten dieses Artikels. Als Bestätigung diente damals die in derselben Nummer der Zeitschrift „Deutsch als Fremdsprache" erschienene ausführliche Rezension zu V. A. Artemov, „Psychologie des Fremdsprachenunterrichts" von W. Wenzel. Die folgenden Zitate zeigen mir aus der Distanz von 30 Jahren, dass meine gesamte Lehr- und Forschungstätigkeit auf dem Gebiet Deutsch als Fremdsprache hier ihren Ausgangspunkt hat.
„Beginnen wir damit" – schreibt Leont'ev – „daß die Generierung einer sprachlichen Äußerung keine einfache ‚Ausgabe' eines fertigen, im Gedächtnis aufbewahrten Textes ist, sondern eine *schöpferische* Tätigkeit, die nach bestimmten Regeln vollzogen wird. [...] Für uns sind die Generierungsregeln einer sprachlichen Äußerung sozusagen ein Arsenal, dem der Sprecher für verschiedene Zwecke und in verschiedenen Situationen verschiedene „Waffen" entnehmen kann: Auf verschiedenen Wegen kann er zum gleichen Endziel, zu (linguistisch) ein und derselben sprachlichen Äußerung gelangen. [...] Tut der Mensch dies bewusst? Wohl nicht. Für uns stellt sich die Generierung von Sprache als eine *sprachliche Handlung* dar, das heißt, als zielgerichtete Aktivität des Menschen, die unbewusst und optimal organisiert wird je nach der Aufgabe, die diese Handlung bewältigen soll, je nach dem Ziel, das mit der Rede verfolgt wird. [...] Und genau wie bei der Organisation *jeder* Handlung unterliegt nur das Ziel der Handlung und ihre allgemeine Charakteristik der Kontrolle; alles andere, die gesamte innere Organisation der sprachlichen Handlung, erfolgt automatisch".

Leont'ev beschreibt sodann die vier Komponenten des Generierungsmodells von Sprechakten:
„1. Herausbildung der Sprechintention und Motiv für den Sprechakt; 2. Aufbau eines inneren Programms (Planes, Konzeption) der künftigen Äußerung; 3. Vermittlung des inneren Programms durch einen objektiven, einen sprachlichen Kode: die semantisch-grammatische Realisierung der Äußerung; 4. Die explizite Formulierung der Äußerung

(genauer gesagt die motorische Programmierung und die Realisierung des motorischen Programms)".

Vor dem Hintergrund der „herrschenden Lehre" der 70er Jahre waren auch die von Leont'ev klar erkannten Grenzen der Anwendbarkeit wichtig, die darin bestehen,
„dass der Platz der semantisch-grammatischen Realisierung innerhalb der Gesamtgenerierung einer Äußerung weit überschätzt und die Rolle der davor liegenden Etappen unterschätzt wird. Ein solches Modell, das als Orientierungsbasis dient, muss vor allem die Wechselbeziehungen zwischen den Syntagmen als Inhaltseinheiten und der Äußerung als Ganzem zeigen, dabei die entsprechenden natürlichen Prozesse erkennen lassen und sie zu einer gewissen Formalisierung führen."

In diesem Artikel werden auch Aspekte der Sprachverarbeitung angesprochen, die erst Jahrzehnte später im Rahmen der Kognitionswissenschaften Verbreitung und Anerkennung finden sollten. Im Rahmen seines *top-down*-Modells, wie wir heute sagen würden (Strategien, die vom Allgemeinen ausgehen, um das Besondere zu erreichen, im Gegensatz zu den „bottom-up-Strategien", die den umgekehrten Weg gehen), gibt Leont'ev genaue Hinweise auf Strategien der Sprachverarbeitung, die sich heute als inferenzielle Arbeitsstrategien beschreiben und didaktisch umsetzen lassen:
„Wir beginnen mit dem Hinweis auf den *aktiven* Charakter der Aufnahme von Sprache [...] Das heißt, der Mensch ist nicht passiver Empfänger von Informationen, welche ihm so zusagen mechanisch ‚eingeflößt' werden. Im Gegenteil: Ausgehend von irgendwelchen Signalmerkmalen der Rede und gestützt auf die sogenannten ‚Schlüssel' (*clues*) modelliert der Hörer die von ihm aufgenommene Rede, vollzieht aktive Gegenhandlungen – wobei es gleichgültig ist, ob wir diese perzeptiv nennen, wie dies bisweilen geschieht, oder ob wir irgendeinen anderen Terminus vorschlagen. Auf alle Fälle steht fest, dass es zu einer *Gegenaktivität* des aufnehmenden Subjekts kommt. [...] Augenscheinlich orientieren wir uns je nach den Bedingungen, unter denen die Aufnahme erfolgt, in unterschiedlichem Grade auf die höheren Ebenen, das heißt, das Erahnen des Sinnes ist an der Aufnahme in un-

terschiedlichem Maße beteiligt; und überhaupt ist die innere, die ‚Gegenmodellierung' mehr oder weniger unabhängig vom System der Stimuli (der ‚Schlüssel'). Nach Ansicht einiger sowjetischer Wissenschaftler (z. B. I. A. Zimnej) erfolgt die Aufnahme parallel in mehreren Ebenen nach dem Prinzip der „Gegenvoraussage". [...] Einmal haben wir es mit den Prozessen der Herausbildung des Verstehensbildes zu tun, zum anderen handelt es sich um Prozesse der *Interpretation* dieses Bildes, um den Vergleich mit der eigenen Erfahrung, überhaupt um die inhaltliche Interpretation, um das Verstehen im weiten Sinne."

Auch die enge Nähe zur muttersprachlichen Kompetenz, vor allem im mündlichen Bereich, wird von Leont'ev so angesprochen, wie wir es Jahrzehnte später – von jüngeren kognitiven Forschungen inspiriert – in experimentellen Kursen realisiert haben. Von der Ebene des Verstehens sagt Leont'ev:
„Diese Ebene liegt um so höher, je größere Textsegmente der Hörer (Leser) auf Grund der von ihm schon empfangenen Informationen vorauszusagen vermag. Die Spezifik des Lesens oder Hörens spielt hier eine untergeordnete Rolle (sie ist vor allem für solche Merkmale des Hörens von Bedeutung, wie dem begrenzten Gedächtnisumfang und der Schwierigkeit, Textsegmente zu größeren Sinneinheiten zu verknüpfen). Die Möglichkeiten einer solchen Voraussage sind jedoch um so größer, je höher die Fähigkeiten und Fertigkeiten der mündlichen Rede entwickelt sind, je besser (und je analoger den Verhältnissen in der Muttersprache) die Prozesse der Generierung von Äußerungen in einer zweiten Sprache herausgebildet sind. [...] Wir meinen, das Hören ist der wichtigste Weg, zu Erwartungserfahrungen zu kommen, die Fähigkeit zu erwerben, den einzelnen semantischen Merkmalen des Wortes, den einzelnen Varianten der syntaktischen Voraussage usw. bestimmte Erwartungscharakteristiken zuzuordnen. Hieraus folgt eine wichtige Erkenntnis: Um diese Charakteristiken zuordnen zu können, muss man sie haben, das heißt, sie müssen zeitig genug eingeführt werden, und man darf vom Schüler nicht verlangen, dass er sich in der Flut von Eindrücken selbst zurechtfindet und selbst Wichtiges von Unwichtigem trennt, die Erstbearbeitung des sprachlichen Rohmaterials selbst vornimmt. Das gilt in besonderem Maße für die lautlichen (phonologischen) Charakteristiken der zweiten Sprache."

Walter Benjamin und das Interesse an der ‚Methode'

Für die Rekonstruktion der konstruktivistischen Deutsch-als-Fremdsprache-Projekte in Italien, die von den Arbeiten Leont'evs ihren Ausgang genommen haben, ist von Bedeutung, dass der theoretische Ansatz global rezipiert und in die Praxis umgesetzt wurde. Entscheidend war das Gesamtbild. Dieser von Vygotskij und Leont'ev vermittelte psycholinguistische Ansatz stimmte in den Grundlinien mit dem von Asja Lacis und Walter Benjamin verfassten „Programm eines proletarischen Kindertheaters" aus dem Jahr 1928 überein, das in Italien über die Autobiographie von Asja Lacis bekannt geworden war. „Die Erziehung des Kindes erfordert: *es muß sein ganzes Leben ergriffen werden*", schreibt Walter Benjamin dort und er fährt fort: „Was zählt, ist einzig und allein die mittelbare Einwirkung des Leiters auf die Kinder durch Stoffe, Aufgaben, Veranstaltungen".

Benjamins Text gab nicht nur die Richtung vor, sondern lieferte auch das Stichwort, das als Abgrenzung gegenüber der fruchtlosen Methodendiskussion in den 70er Jahren hervorragende Dienste leistete: „Überall, und da macht die Pädagogik gar keine Ausnahme, ist das Interesse an der ‚Methode' eine echte bourgeoise Einstellung, die Ideologie des Weiterwurstelns und der Faulenzerei". Ich habe damals allerdings den Fehler begangen, diesen Satz in polemischer Verhärtung zu zitieren. Heute weiß ich, dass ein apodiktischer Satz, dem man Autorität zuspricht, nicht als Waffe gegen echte oder präsumtive Gegner verwendet werden sollte, sondern nur als Gegengewicht gegen die eigene Trägheit.

Die prägnant formulierte Anklage Benjamins, die genau auf die Situation von Deutsch als Fremdsprache in den 70er Jahren zugeschnitten schien, stellte eine Art metaphorischen Überbau zu den zwei Eckpfeilern der Erfahrung dar, der eigenen mit den „ungenügenden" Studenten an der Universität und den aus der Erfahrung der „Schülerschule" von Barbiana rezipierten.

Benjamins Sammelreferat über „Probleme der Sprachsoziologie" aus dem Jahr 1935, mit den nachdrücklichen Hinweisen auf Vygotskij und Piaget und seiner klaren Absage an den Behaviorismus, war eine weitere, wichtige Stütze, die uns bewusst machte, wie groß die Distanz zwischen dem theoretisch Möglichen und der Praxis in Deutsch als Fremdsprache in den 70er Jahren tatsächlich war.

Situative Bedingungen

1972, im Jahr des ersten konstruktivistischen didaktischen Experiments, trafen diese innovativen theoretischen Ansätze, die didaktische Realität des Alltags und die „Schuldidaktik“, die noch ganz unter dem Einfluss behavioristischen Denkens und Handelns stand, in einer Konfliktsituation aufeinander.

Die Studierenden „zwangen“ uns zum Umdenken und zur Suche nach neuen Lösungen. Viele Studenten an der neugegründeten Universität Bergamo kamen aus den bergamaskischen Tälern auf eine Universität, die ihnen kurz zuvor mit dem Federstrich eines Ministers geöffnet worden war. Von diesen Studenten konnte man auch hören: „Im Winter ist bei uns nur die Küche geheizt, vom großen Kamin, und so schlafen wir in der Küche und lassen auch die Tiere bei uns in der Küche schlafen“.

Auch in Bergamo wurde in jenen Jahren die Universität mehrmals von den Studenten „besetzt“ und eine Zeit lang autonom weitergeführt. Das waren symbolische Momente der Machtergreifung, die in Italien in den 70er Jahren zum studentischen Alltag gehörten. Bei einer dieser Besetzungen, 1972, waren meine Studenten des ersten Jahres besonders aktiv. Ich wurde zu einem Gespräch eingeladen: „Sie haben sich sehr bemüht. Wir haben die deutsche Sprache mit Gedichten von Brecht gelernt und nicht mit einer langweiligen Schulgrammatik. Aber jetzt müssen Sie von uns lernen. Wir wollen nicht mehr mit Brecht lernen. Brecht spricht nicht von uns. Wir haben andere Probleme. Wir sind nicht arbeitslos. Wenn ich am Nachmittag nach Hause komme, drückt mir mein Vater die Mistgabel in die Hand. Wir haben selbst begonnen, von uns und unseren Problemen zu sprechen.“ Und sie zeigten mir das Ergebnis – auf Deutsch geschriebene Gedichte. Gedichte von Studenten, die wenige Monate zuvor kein Wort Deutsch gekonnt hatten und die in ihrer Muttersprache noch nie ein Gedicht ernst genommen, geschweige denn selbst eines geschrieben hatten.

Das Leitbild der „Schülerschule“ von Barbiana

Leitbild des Lernprojekts an der Universität Bergamo wurde die „Schülerschule“ von Barbiana mit ihrem Prinzip der sprachlichen

Emanzipation. Die schülerzentrierte Schule von Barbiana – ein eindrucksvolles Beispiel für konstruktivistisches Lernen, auf das sich auch Freire beruft – wurde meiner Generation in Italien durch den berühmten „Brief an eine Lehrerin", *Lettera a una professoressa,* vertraut, der im deutschen Sprachraum durch die Vermittlung von Alexander Langer und Peter Bichsel bekannt wurde.

Erst Jahrzehnte später habe ich in unserem Projekt die Analogie zur „Schülerschule" von Barbiana erkannt, die in der Retrospektive Entscheidendes auch über den „Ursprung" unserer Intensivkurse in Bergamo aussagt. Don Milani hatte vor seiner Versetzung nach Barbiana eine wegweisende negative Erfahrung mit einem didaktischen Projekt „nach unten" gemacht. In einer Abendschule für junge Arbeiter in Calenzano hatte er versucht, die christliche Heilsbotschaft für seine ungebildeten toskanischen Jugendlichen in einer ihnen angepassten Sprache nachzuerzählen. Wie sehr er damit gescheitert war, war ihm schlagartig zum Bewusstsein gekommen, als er Texte las, in denen seine Schüler selbst die Evangelienberichte erzählten. Unvergleichlich, unerreicht in ihrer Würde waren diese Texte. Und sie brachten den hochgebildeten Erzieher zum Schweigen. Das weitere Wirken von Don Milani als Erzieher in der Bergbauernpfarre in Barbiana war von dieser Grunderfahrung des Sprechens und Lehrens geprägt. Er leitete daraus das Lebensprojekt ab, jedem seiner Schüler zum eigenen Wort zu verhelfen.

Heute liegt mir die Analogie klar vor Augen. Don Milanis Katechismus-„Texte" entsprachen den von mir gewählten Gedichten von Brecht. Beide Formen des sprachlichen Kontakts entsprachen nicht den Bedürfnissen der Schüler, die als „Sprachlose" das Ziel hatten, selbst zu sprechen.

Vom Experiment zum Modell

Höhepunkt und zugleich Abschluss der lernerzentrierten Kurse war 1975 ein Intensivkurs „100 Stunden Deutsch" für eine Gruppe von 30 erwachsenen Lernern, darunter 10 Wissenschaftler und Dozenten der Linguistik und der Theaterwissenschaft, die im Alter von 30–50 Jahren das Bedürfnis entdeckt hatten, Deutsch zu lernen.

Das „alternative" Deutschprojekt war auch literarisch motiviert. Viele Leser meiner Generation waren von Handkes autobiografischem Buch „Wunschloses Unglück“, das 1972 erschienen war, tief betroffen. Da war Geschichte, die wir kannten, plötzlich ins Zentrum der Literatur gerückt. Wir Leser, die Anteil hatten am Schicksal solcher Mütter, Väter und Söhne, lasen plötzlich mit autobiografischer Betroffenheit. Das Private zeigte sich nicht nur öffentlich, sondern als Kunst.

Franz Innerhofers Buch „Schöne Tage“ stellte einen Höhepunkt dieser neuen Literatur dar. Es war ein Buch, das von der Veränderbarkeit der Lebensbedingungen der von Kultur und Sozialisierung ausgeschlossenen Menschen erzählte. Und das Mittel für diese Veränderung war die Eroberung der Sprache.

Wir hatten Innerhofer zu einer Lesung eingeladen, die zugleich als Abschlussveranstaltung des Intensivkurses gedacht war. Die Kursteilnehmer, die drei Wochen zuvor kein Wort Deutsch gesprochen hatten, diskutierten nach der Lesung mit Innerhofer über sein Verhältnis zur bürgerlichen Kultur und zur italienischen Literatur.

In seinem Artikel über dieses Treffen berichtet Glauco Licata, ein führender Journalist des *Corriere della Sera,* unter dem Titel „Eine neue Sprache in 100 Stunden“ über die „Eroberung“ der deutschen Sprache durch die Kursteilnehmer.

Aus dieser Quelle – und aus der zeitlichen Distanz – möchte ich nun die „pertinenten Merkmale“ des ersten konstruktivistischen Projekts für DaF in Italien herausfiltern.

1. Erfolg und Lernergruppe: „Die Gruppe [...] war ausgesprochen heterogen. Junge Leute und Erwachsene, Frauen wie Männer, mit unterschiedlichen kulturellen Interessen, aber mit einer Gemeinsamkeit: Bis wenige Tage zuvor hätten sie auf Deutsch nicht einmal nach der Uhrzeit fragen können. [...] In Bezug auf Unbefangenheit oder Schüchternheit gab es keine Unterschiede zwischen den Älteren oder Jüngeren der Gruppe. Das beweist, dass sich die Methode für jedes Alter eignet. Für denjenigen, der dem Experiment beigewohnt hat, und – wie ich – von den Techniken erfuhr, ohne den Kurs besucht zu haben, scheint es unglaublich, dass man in der Lage ist, mit jemandem wie Innerhofer zu diskutieren, und zwar nicht über Sachverhalte wie ‚der Hund ist im Garten‘ oder ‚der Zug fährt vom Bahnhof ab‘, sondern über literarische und weltanschauliche

Themen – und das nach kaum 100 Unterrichtsstunden. [...] Offensichtlich lernt man auf diese Weise mehr und schneller als bei einem Aufenthalt in dem Land, dessen Sprache man erlernen möchte".

2. Methode *ex negativo*: „ohne Grammatik-Lehrbücher, ohne hilfreiche Wörterbücher und ohne Strukturübungen".
3. Unterrichtsmaterialien: „Das didaktische Material besteht aus Prospekten, Werbeseiten aus dem *Spiegel*, Reiseinformationen, Buchumschlägen. [...] Zum Erwerb der phonetischen Grundlagen werden Schallplatten mit Liedern eingesetzt [aus der *Winterreise*, J. D.] oder eigens im Sprachlabor angefertigte Tonbänder. Satzbau und Wortbildung werden anhand intensiver Lektüre von wissenschaftlichen Texten aus dem Bereich der Literaturkritik und Linguistik (Walter Benjamin, Peter Szondi, Harald Weinrich, Ernst Leisi) sowie an ausgewählten Romanauszügen vorgestellt und gelernt. Dazu kommen kommunikationsorientierte Übungen, die auf situative Kontexte ausgerichtet sind."
4. Methode, *der Weg*: „Texte, Bilder und Fotografien wurden so zusammengestellt, dass sie den Studenten Dialogsituationen bereitstellen, die sie auf logische Weise entwickeln können. [...] Nach einer kurzen Einführung, in der die Studenten in wenigen Stunden über Satzbau und die Logik der Wortbildung unterrichtet werden, arbeiten die Kursteilnehmer autonom in Gruppen und wählen das didaktische Material selbst aus. Der Dozent schreitet nur ein, um Interesse zu wecken. Ausgangspunkt ist nicht das Einfache, sondern das, was Neugier bewirkt und zu Fragen anregt. Keine Grammatikprogression, sondern eine Progression, die sich an kommunikativen Interessen ausrichtet".
5. Schwerpunkte: „Zu den psychologischen Prämissen zählt grundsätzlich die Haltung des Zuhörens, die geistige Bereitschaft, Übergänge mitzuvollziehen: vom Bild zum Klang zum Begriff. [...] Der Lerner sieht, aber er übersetzt nicht mechanisch, sondern entwickelt das, was er braucht. Er ahmt nicht nach. [...] Bei diesem kommunikationsorientierten Ansatz ist es grundlegend, dass der Lerner aktiv partizipiert, bewusst auswählt und dass seine Neugier stimuliert wird. [...] Der entscheidende Schritt liegt in der geistigen Bereitschaft, sich auf eine situationsorientierte Progression einzu-

> lassen, auf Impulse zu reagieren, die entsprechend den persönlichen Interessen zu weiteren Fragen anregen. Auf diese Weise wird ein Mechanismus in Gang gesetzt, der zu einer Immersion in die Welt der zu erlernenden Sprache führt".

Soweit die Beschreibung eines externen, geschulten Beobachters, der sich aus den Interviews und der Diskussion ein Bild vom Intensivkurs gemacht hat. Natürlich muss der journalistische Charakter des Berichts berücksichtigt werden und der Schock des erfahrenen Journalisten, der die Antworten der Interviewten mit seinen eigenen Schulerlebnissen verglich. Eine wissenschaftlich motivierte Beschreibung müsste auch die negativen Aspekte des Experiments betonen, also zu allererst die Tatsache, dass es nicht wiederholbar war.

Ergänzend zu Licatas Bericht soll noch hinzugefügt werden, dass die Teilnehmer schon am ersten Abend Deutsch mit Hilfe wissenschaftlicher Texte lernten, die sie für ihre berufliche Weiterbildung benötigten: die Theaterwissenschaftler arbeiteten mit Benjamins „Programm eines proletarischen Kindertheaters", dessen komplexe Syntax keine unüberwindliche Barriere darstellte, und die Sprachwissenschaftler mit Harald Weinrichs Aufsatz „Positionen der Negativität" aus dem Sammelband „Poetik und Hermeneutik".

Die Arbeitsgruppen bestanden aus jeweils vier Personen, die nach den Prinzipien der Wiener Schule der Gruppendynamik gebildet waren, und arbeiteten nach der allgemeinen Einführung von insgesamt vier Stunden völlig autonom. Auch die Nullanfänger waren voll und ganz in die Lernprozesse eingegliedert und übernahmen ganz bewusst die Aufgabe der Schriftführer bei der Abfassung der Protokolle, die vom ersten Tag an geschrieben wurden. Sie erhielten im Lauf dieser kollektiven Schreibprozesse von Anfang an „Minidiktate" von ihren *peers*.

Prosodie, Körpersprache und Situation

Was wir bei den Kursen in den 70er Jahren nicht beachtet hatten, und was sich erst in Hinblick auf die weitere Entwicklung dieser Versuche in den 90er Jahren als Konstante gezeigt hat, war die enge Bindung von Sprechen, Handeln und Körpersprache in der jeweiligen Situation sowie die zentrale Rolle der prosodischen Realisierung der Sprache – selbst beim stillen Lesen und bei der Vermittlung von „Grammatik“.

Mit dem Körper lernen

Vor einigen Jahren bekam ich Syberbergs Filmdokumente zu Fritz Kortners Inszenierung von *Kabale und Liebe* zu Gesicht. Kortner – der bedeutendste Wortregisseur seiner Zeit – verlangte von seinen Schauspielern, sie sollten zur ersten Probe erscheinen, ohne den Text auch nur angesehen zu haben. Er verbot ihnen ausdrücklich, den Text vor den Proben auswendig zu lernen. In Syberbergs Film ist deutlich zu erkennen, dass Kortner zuerst die Körpersprache der einzelnen Szenen erarbeitet und dann erst, in die fertige körpersprachliche Realisierung der Szene hinein, den Text gestalten lässt.

Auch Goethe hatte von seinen Schauspielern verlangt, sie sollten vor dem Spiegel die Gestik der Deklamation ohne Text üben. Goethes Schauspieler konnten zwar schon ihren Text, sie sollten aber die körpersprachliche Realisierung der Szene nicht mit Hilfe des gesprochenen Textes, sondern von der situativen Einbettung aus pantomimisch erarbeiten.

Der Hinweis auf Kortner und auf Goethe soll nur als Beispiel dafür dienen, wie Sicherheiten entstehen und zu Leitbildern für das eigene Handeln werden. Der Weg zu Kortner oder zu Goethe eröffnet sich nur dem, der bereits ein Thema und eine Fragestellung hat. Entschieden wird der Ausgang des Suchens immer auf dem Feld der eigenen täglichen Arbeit.

Ich glaube, dass nach 30 Jahren der Suche für einen wichtigen Teilbereich des gesteuerten Fremdsprachenerwerbs eine Antwort gefunden ist. Die im Moment des Lernens bewusst erfahrene, inferenziell gesteuerte, prosodische Gestaltung verbindet die feinsten Regungen der Emotionen mit ihrem körperlichen Ausdruck. Prosodie als Schwerpunkt zu setzen bringt uns unaufdringlich dazu, die lernende Person als Gesamtheit von Geist und Körper anzusehen. Neuere Arbeiten auf dem Gebiet der Kognitionswissenschaften bestätigen diesen Ansatz und fügen sich zu einem umfassenden Menschenbild, bei dem Emotion, Kognition und körperlicher Ausdruck zusammenspielen.

Bei der didaktischen Umsetzung dieser Prämisse zeigt sich mit aller Deutlichkeit, wie stark das „Bedürfnis“ nach konstruktivistischem Lernen von einem ursprünglichen Mangel der Lernenden motiviert ist. Viele italienische Lerner des Deutschen weisen ein praktisch unkorrigierbares Defizit im Bereich der Prosodie auf, das in vielen Fällen zu frühzeitigen Fossilisierungserscheinungen beim Spracherwerb führt.

Inferenzielle Steuerung der prosodischen Kompetenz

Angelpunkt für die Realisierung des konstruktivistischen Ansatzes ist die systematische Entwicklung und Förderung der inferenziellen Kompetenz der Lerner. Im Zusammenhang mit Lernerverhalten und konstruktivistischen Lernmodellen spielen inferenzielle Prozesse eine Rolle beim Verknüpfen des Neuen mit dem Weltwissen und der eigenen, auch der muttersprachlichen, Erfahrung.

Im Bereich der Prosodie geschieht die inferenzielle Steuerung über die – zum Großteil brach liegende – muttersprachliche prosodische Kompetenz, die bei diesen Übungen zugleich eine solidere Grundlage erhält.

Der erste Schritt auf dem Weg zu einer Haltung autonomen Lernens mit inferenzieller Steuerung ist das Erfolgserlebnis in Bezug auf ein anscheinend unerreichbares Ziel, das in einer Arbeitssitzung von nur 20 Minuten Dauer zu erreichen ist – die angemessene prosodische und phonetische Realisierung deutscher Sprechakte. Die gleiche Erfahrung machen auch Studierende, die die phonetische Hürde selbst nach mehreren Jahren Deutschunterricht nicht einmal ansatzweise überwunden haben (Missaglia 1997, Missaglia 1999b). Ihre subjektiv meist als einschneidend wahrgenommenen Misserfolgserlebnisse können durch ein Erfolgserlebnis kompensiert werden, das die Lernenden umso stärker motivieren dürfte, da es ohne jede Lehr- und Vorbildfunktion eines Dozenten oder Lehrers erreicht wird.

Die Lernenden sprechen nichts nach, sie imitieren keine für sie fremden Modelle, sondern sie realisieren Sprechakte, die sie gegenseitig beurteilen und auf der Grundlage ihrer eigenen Erfahrung verändern. Das jeweils erreichbare Ergebnis der Gruppenarbeit wird auf dem Weg über die Muttersprache der Lerner gleichsam kollektiv „ausgehandelt“, wobei der anwesende Dozent in keiner Phase in seiner Rolle als Lehrer in den Arbeitsprozess eingreift.

Die Lernenden arbeiten in Gruppen und „konstruieren“ Sprechakte, zuerst auf Italienisch und dann auf Deutsch, die ihnen in Form von geschriebenen Texten in den beiden Sprachen vorliegen. Entscheidend dabei ist die Atmosphäre der ungezwungenen Gruppenarbeit, wobei alle mit probieren, bis eine gemeinsam erarbeitete Version als „akzeptable“ Realisierung eines spontanen italienischen Sprechaktes anerkannt wird.

Der Spielraum in dieser Phase geht so weit, dass auch die bereits vorliegende italienische Version des Textes umgestaltet werden kann/soll, beispielsweise, um die Szene in der authentischen Umgangssprache der Lernenden zu realisieren.

Anschließend daran werden die entsprechenden deutschen Sprechakte in der „Stimmung“ der italienischen situativen Einbettung realisiert. Die Studenten lesen zwar den vorbereiteten Text vom Blatt, aber sie *lesen* eigentlich nicht, sondern sie *sprechen* den Text als Teil einer virtuell situierten kommunikativen Situation, deren kontingente Faktoren von den Lernenden selbst gestaltet werden.

Kein Sprechakt gleicht dem anderen. Jeder Moment des Übens unterscheidet sich vom vorhergehenden. Niemand ist Modellen verpflichtet, keine Kontrolle wird ausgeübt außer der selbstgesteuerten der Gruppe von *peers*, die abwechselnd als aktiv sprechende und als aktivzuhörende Teilnehmer agieren.

Die Studenten befolgen eine einzige Instruktion, die sie vom anwesenden Dozenten wie von einem Trainer erhalten haben. Sie sollen jeden deutschen Sprechakt als globale Einheit realisieren und mit einem deutlich wahrnehmbaren Hauptton versehen und dabei die nichtbetonten Elemente so weit zurückdrängen, wie es ihnen nur irgend möglich ist. Das wird einige Male spielerisch geübt, das Zurückdrängen geht bis zum Verschlucken ganzer Silben und zum Murmeln. Die Beurteilung der erfolgreichen Realisierung wird ausschließlich durch *peer assessment* vorgenommen.

Das Mittel, das die Lernenden zum selbstständigen Erreichen des Zieles führt, ist die inferenzielle Steuerung des deutschen Sprechaktes über die Erfahrung mit dem bewusst und sorgfältig gestalteten italienischen Sprechakt. Aus dieser Quelle fließen sodann Elemente der Emotion, der Körpersprache, der Prosodie und der Pausengestaltung, der Atmung, der Mimik und der Gestik in den Moment des Sprechens in der „fremden" Sprache. Durch die ganzheitliche, insbesondere auch körperliche, Einbettung des Sprechens erhält die fremde prosodische Form des Deutschen mit der ungewohnten Deakzentuierung eine stabile Grundlage, auf der gleich beim ersten Versuch feinste pragmatische Nuancen realisiert werden können.

Erproben von Varianten

Beim Erproben solcher Nuancen werden die Grundprinzipien immer weiter gefestigt. Ein Beispiel. In der Übungseinheit, mit der diese Methode in die Literatur eingeführt wurde (Missaglia 1997), einem fiktiven Dialog vor einem Bild von Robert Rauschenberg, kommt der Satz vor: „Mir ist das Ganze zu modern!"

- Gefällt dir das Bild?
- Ich find's toll. Ich mag die Bilder von Rauschenberg.
- Also, ich weiß nicht. Mir ist das Ganze zu modern.
- Meinst du die grellen Farben?
- Ja, auch. Ich würd' mir das nie aufhängen.
- Du verstehst eben nichts von Kunst!

In der ersten Phase der Arbeit haben die Studierenden entdeckt, dass mit diesem Satz zwei grundverschiedene Haltungen zur modernen Kunst ausgedrückt werden können. Fällt der Default-Akzent, der auch im Italienischen realisiert wird, auf „moderno", dann ist eine andere Haltung gegenüber der modernen Kunst ausgedrückt als bei Akzentuierung auf „troppo". Dieser emphatische Sekundärakzent hat phonetische Eigenschaften, die ihn deutlich vom Default-Akzent unterscheiden. Die Unterschiede sind so deutlich, dass sie selbst von ungeübten Hörern wahrgenommen werden.

Gleich beim ersten Versuch erproben die Lernenden auch im deutschen Sprechakt beide Akzentuierungsvarianten, wobei die Entscheidung für eine der Varianten dem Gestaltungswillen des Sprechers überantwortet ist – und die Lernenden nehmen diese Optionen auch tatsächlich wahr.

Die Varianten der prosodischen Realisierung der Sprechakte in der Muttersprache werden durch inferenzielle Steuerung mit den Situationen verbunden, bzw. umgekehrt, durch inferenzielle Verknüpfung mit der jeweiligen Situation mit Hilfe der bereits verfügbaren eigenen sprachlichen Kompetenz wird die prosodische Gestaltung des italienischen Textes konstruiert. Die in der jeweiligen Lernsituation disponibel gemachte körpersprachlich-prosodische Erfahrung wird sodann auf den deutschen Sprechakt übertragen.

Beim Sprechen steuern unbewusste inferenzielle Prozesse den Bezug zur Sprechsituation und zum Weltwissen der Sprecher und der Hörer. Ein „unfreundlich" gesprochener und als „unfreundlich" aufgenommener Sprechakt ist in der Erfahrung des Sprechers und des Hörers verankert und wird vor diesem Hintergrund bewertet. In der Gruppenarbeit mit *peer assessment* wird auf genau diese Erfahrung zurückgegriffen. Es entsteht eine komplexe Handlungssituation mit paralleler Mehrfachsteuerung der Sprechakte durch die Teilnehmer der Gruppe.

Von „Inferenz" und „Körpersprache" ist während des ganzen Übungsablaufes nie explizit die Rede, obwohl der Zusammenhang dem geschulten Beobachter sofort ins Auge fällt. Starre Körperhaltung, rigide Gesichtsmuskulatur, eintönig gesprochene Sätze mit „italienischer" Akzentuierung, alle diese wohl bekannten Symptome verschwinden als Ergebnis der konstruktivistischen Arbeit, die als *peer assessment* einen klar umrissenen Handlungsrahmen hat.

Das unerhört rasch erreichte, unerwartete Erfolgserlebnis wirft ein *spotlight* (Popper) auf ein bis dahin unerkanntes Lernpotential der Lernenden. Das eigentliche didaktische Problem beginnt aber erst und gerade an diesem Punkt. Die italienischen Lerner des Deutschen hören die eigene prosodische Realisierung nicht, sie erkennen also auch nicht mit Sicherheit, dass und ob Ihnen ein positives Ergebnis gelungen ist. Die Realisierung gelingt nur in der Gruppe oder im *peer assessment* in der Arbeit zu zweit. Im ersten Fall ist die organisatorische Hürde zu überwinden, im zweiten die psychologische der ungewohnten Verantwortung für den Lernerfolg einer Studentin mit genau denselben Problemen des *peers,* der die Beurteilung übernehmen soll.

Aus den deutschen Sätzen auf dem Papier, die kaum ein Lerner auch nur annährend korrekt zu lesen imstande wäre, werden dabei –

ohne jede weitere Anleitung – praktisch fehlerfrei gesprochene deutsche Sprechakte. Diese völlig unerwartete Leistung wird ermöglicht durch die unbewusste inferenzielle Steuerung durch die eigene Erfahrung, die über die Schnittstelle der Prosodie und die mit der Prosodie verknüpfte Mimik, Gestik und die Körpersprache unbewusst vermittelt wird. Gelernt wird das Neue im schrittweisen Erproben der prosodischen Varianten des Lesetextes in der Muttersprache.

Auf dem Weg zur inferenziellen Kompetenz

Die ersten Erfahrungen mit der bewussten Rückkoppelung der Sprechtätigkeit an die eigene Erfahrung, die ich generell als „inferenzielle Kompetenz" bezeichne, werden nicht analysiert und daher auch nicht als eigene „Technik" in den Arbeitsablauf eingeführt, der für die Lernenden ganz vom *peer assessment* geprägt ist. Im Lauf dieser intensiven Gruppenarbeit werden aber sehr rasch unbewusste Strategien erkannt und als Grundlage für das Handeln im Lernprozess nutzbar gemacht.

Inferenz-Verweigerung

An den italienischen Universitäten sind die Faktoren *Körper* und *Emotion* durchwegs negativ besetzt und werden von den Schülern nicht als relevante Faktoren im Handlungsspiel „Lernen" erlebt. Der Misserfolg und das Defizit im Bereich des Sprechens in authentischen Situationen wird als unveränderbar hingenommen.

In der Unterrichtssituation zeigt sich das inferenzielle Defizit vor allem beim Lesen. Die italienischen Universitätsstudenten agieren in einer von den Jahren in der Schule her fest eingeübten Haltung, die ich geradezu als „Inferenz-Verweigerung" bezeichnen möchte. Sie verbannen gleichsam jede inferenzielle Tätigkeit aus dem Unterricht, was deutlich in ihrer Haltung zur neuen Lexik in Alltagstexten zum Ausdruck kommt.

Alle unbekannten Wörter, und viele bereits bekannte dazu, werden in winziger Schrift zwischen die engen Zeilen der fotokopierten Texte geschrieben, um sie nach Hause zu tragen, auswendig zu lernen und Mitschülern zu überlassen, die diese mit Interlinearübersetzungen vollgekritzelten Seiten ihrerseits wieder fotokopieren und auswendig lernen. In der Schule und auf der Universität hat sich ein Gleichgewicht zwischen Lernerverhalten und Prüfungsanforderungen eingestellt, das diese Haltung mittels eines gut funktionierenden *Backwash*-Effekts stützt und bestätigt.

Das Verhalten eines Großteils der beobachteten italienischen Deutschlerner zeigt, dass Texte in der Fremdsprache nicht „gelesen", sondern in Form von rudimentären Übersetzungen rezipiert werden, wobei jedes unbekannte Wort ein Hindernis für den Vorgang des Lesens darstellt. Jedes selbstständige Erschließen von fehlenden Elementen mit Hilfe des Kontextes – also jede inferenzielle Tätigkeit im engen Sinn – scheint bei diesen Leseakten ausgeschlossen zu sein.

Da die inferenzielle Tätigkeit – als vernunftgeleitetes Erschließen von Inhalten – gerade beim Lesen eine große Rolle spielt, ist die Förderung der inferenziellen Lesekompetenz das im Alltag des Lernens im formalen Kontext Unterricht das wohl am leichtesten erreichbare Ziel.

Inferenzielles Lesen als Lernstrategie

Im neuartigen Umgang mit Lesetexten wird auch die Methode des inferenziellen Erschließens als bewusste Lese- und Lernstrategie eingeführt. Entscheidend an unserem Modell ist die Beachtung der Prosodie auch beim stillen Lesen und beim inferenziellen Erschließen der Textinhalte. Die prosodische Gestaltung der Sprechakte gestattet es, das Sprechen in die Situation einzubetten und die Inhalte auf den Vordergrund bzw. auf den Hintergrund zu verteilen. In Analogie zur Informationsstruktur einzelner Sprechakte geht jedes Sprechen als Aktualisierung bestimmter Intentionen vor dem Hintergrundwissen des Sprechers und seiner Zuhörer vor sich. Dieser Hintergrund – das implizite Wissen und das Weltwissen im weitesten Sinn – ist beim Sprechen immer präsent und regelt nach dem Prinzip der Pertinenz und der kommunikativen Effizienz unseren Umgang mit Sprache. In den Fällen, in denen der normale Ablauf der Kommunikation gestört ist, wie eben so oft beim „schulischen" Sprechen, wird diese natürliche Kompetenz ausgeschaltet.

Wenn Lerner mit geringem Wortschatz „normale“ Texte lesen, dann brauchen sie die unterstützende Wirkung des Hintergrundwissens besonders dringend. Solche Lerner findet man in großer Zahl in der Schule, und gerade dort fehlt ihnen das Wissen, das sie aus dem Lernprozess ausgeklammert haben, um sich ausschließlich der „Fremdsprache“ zu widmen, die von allen kognitiven Prozessen der muttersprachlichen Kompetenz ausgeschlossen wird.

Das verfügbare Weltwissen bewusst im Lernprozess einzusetzen verlangt anfangs eine besondere Anstrengung und führt zu einer radikalen Veränderung altgewohnter Verhaltensmuster. In der Rolle des „Schülers“ konzentriert der Lerner seine Aufmerksamkeit ausschließlich auf die ihm unbekannten Wörter, die er im Wörterbuch nachschlägt, um die Übersetzung in Miniaturschrift über das deutsche Wort zu kritzeln.

Dieses in Italien universell verbreitete und belegte Leseverhalten der Lerner führt uns auf das Gebiet der jüngsten didaktischen Vorschläge zu Lesen und Lernen mit den Stichwörtern „attention raising“, „focussing“ und „noticing“. In einer Zusammenfassung dieses Standpunkts liest man: „It is clearly possible to learn vocabulary through extensive reading, *because* the intended goal (reading for meaning) *serves to focus attention* on new and unfamiliar words. However, it is argued that if readers do not pay attention to new words when reading they will not learn them“ (Schmidt 1995: ix).

Die Hervorhebungen sollen die nicht hinterfragten Prämissen dieses Programms thematisieren: Geht das „serves to focus attention“, automatisch und unbewusst vor sich, und wissen wir, warum und wie man beim motivierten Lesen neue Wörter lernt?

Gegenbewegungen

Bei den an italienischen Universitäten beobachteten Studenten führt das „Fokussieren“ von unbekannten Wörtern überwiegend zum resignierten Griff nach dem Wörterbuch. Isoliert wahrgenommene Wörter werden aber nicht einfach gelernt, indem man ihnen Aufmerksamkeit schenkt, weil die Verknüpfung eines semantischen Merkmalbündels mit mehr als einer phonetischen Form (der Form der Muttersprache und der Zweitsprache) eine ungewohnte kognitive Tätigkeit ist, wie auch die folgenden Beobachtungen zum Verhalten italienischer Lerner zeigen.

Um das Lernverhalten unserer Studenten zu ändern, stellen wir ihnen die Aufgabe, aktuelle Texte ohne Wörterbuch nur mit Hilfe inferenziellen Schließens zu erarbeiten. Der folgende Text, der im Einsatz bei einer großen Zahl italienischer Universitätsstudenten seine Aussagekraft bewiesen hat, zeigt, was beim schulischen Lernen vor sich geht, das ohne inferenzielle Steuerung erfolgt. Selbst Studenten, die aus der Arbeit mit einem anderen Text bereits wissen, dass die CeBIT eine deutsche Computermesse ist, reagieren auf die Aufgabe, den folgenden Text zu übersetzen, mit erstaunlicher Konstanz: „das Wort *Halle* verstehe ich nicht".

Office-Firmen auf der CeBIT

Microsoft GmbH
Halle 002
Standnummer D02
Standtelefon 89-53603
Standfax 89-54133

Star Division
Halle 002
Standnummer D24
Standtelefon 89-53530
Standfax 89-55459

Corel Systems Corporation
Halle 006
Standnummer D06
Standtelefon 89-51689
Standfax 89-56330

© 1997 by FOCUS Online GmbH

Ebenso erstaunlich ist das Unvermögen der Studierenden, die korrekte Übersetzung zu finden, selbst wenn sie als Verständnishilfe den Hinweis auf die „Messe" als Kontext erhalten. Die Mehrzahl der italienischen

Studenten antwortet auf die Frage nach der Bedeutung von „Halle“ mit dem italienischen Wort für „Fabrikhalle“, *capannone*, und nicht mit *padiglione*, „Messehalle“.

Es handelt sich dabei um ein Phänomen, das aus den Studien zur kognitiven Sprachverarbeitung gut bekannt ist. Merkmale verbinden sich, und sobald das Merkmalbündel ein halbwegs gesichertes Ergebnis gibt, bildet es eine Vorstellung, hier: „großes Gebäude, das nicht Wohnzwecken dient und innen nicht mit festen Mauern in kleinere Einheiten unterteilt ist“. Von diesem Bild aus wird – so kann man aus dem Verhalten italienischer Lerner schließen – der Prototyp des Begriffs aktualisiert, der mit diesen Merkmalen vereinbar ist, und das ist die „Fabrikhalle“ und nicht die „Messehalle“.

Eine kontextsensible Textarbeit, die auf Weltwissen rekurriert, würde die Verbindung zu „Fabrik“ von vornherein ausschließen und den Verstehensprozess über den Oberbegriff „Messe“ und den prototypisch erfahrenen „Messestand“ steuern, so dass das Merkmal „Gebäude, in dem sich die Messestände befinden“ mit großer Sicherheit zum Begriff „Messehalle“ führt und zu seiner italienischen Entsprechung *padiglione*.

Von großem Interesse ist das Verhalten der Studenten, nachdem einer der Teilnehmer das Wort *capannone* als Übersetzung für „Halle“ vorgeschlagen hat. Die Studenten erkennen sogleich, dass *capannone,* „Fabrikhalle“, nicht die richtige Übersetzung des deutschen Wortes sein kann, sie finden aber die richtige italienische Entsprechung, „padiglione“, trotz intensiver Suche nicht.

Dieses Phänomen der stark eingeschränkten Disponibilität des italienischen Wortes *padiglione*, das alle Anwesenden in ihrem aktiven Wortschatz haben, wird von den Lernenden selbst als irritierende Blockade wahrgenommen und wird nach der spät gefundenen Lösung des Problems oft mit einem befreienden Lachen quittiert.

Es scheint, dass sich die Aktivitäten der Lernenden ausschließlich in einem Bereich abspielen, der keinen Zugriff auf globales Verstehen gestattet. Das Verhalten entspricht dem von Patienten, bei denen die Interaktion der zwei Gehirnhälften unterbrochen ist und die nur Teile zu verarbeiten imstande sind, ohne die komplexen Formen wahrzunehmen, die aus diesen Teilen bestehen.

Zugriff auf das Weltwissen

Zuvor hatten dieselben Lerner – in der ersten Woche ihres Deutschkurses, vielleicht schon am ersten Tag – folgenden Text gelesen, der die inferenziellen Prozesse des unterstützenden Zugriffs auf das Weltwissen beim Arbeiten mit aktuellen Texten exemplarisch darzustellen gestattet:

CeBit '97 eröffnet

Auf der weltgrößten Messe für Computer- und Telekommunikation zeigen fast 7000 Aussteller ihre neuesten Produkte rund um Bits und Bytes.
Bundeswirtschaftsminister Günter Rexrodt eröffnete die Messe am Mittwoch Abend.
Schwerpunkte sind in diesem Jahr sogenannte Intranets für den firmeninternen Datenverkehr, Software für das Internet und die weiterhin boomende Telekommunikation.
Rund 600.000 Besucher aus aller Welt werden erwartet.
12.03.97, 13.05

© by FOCUS Online GmbH, 1997

Die Wahrnehmung beginnt stockend: die unvertraute Sigle und das unbekannte Verbum monopolisieren sogleich die Aufmerksamkeit des Lesers und bauen die Barriere des „Das-verstehe-ich-nicht“ auf, die rasch zur abwehrenden Geste wird: „Dieser Text ist zu schwer!“ Es sind vor allem die isoliert wahrgenommenen unbekannten Wörter, die das Lesen blockieren.

Die Übungsanleitung für das inferenzielle Lesen ist einfach und klar. Die Lernenden sollen alle unbekannten Wörter überspringen und sich ausschließlich auf das ihnen Bekannte konzentrieren. In jedem deutschen Info-Text finden sich Eigennamen, Zahlen, Internationalismen, Akronyme, usw., die der italienische Leser im Prinzip versteht. Das „Verstehen“ geht aber nicht passiv vor sich, sondern ist das Ergebnis einer bewussten „Konstruktion“, die das erkennbare Wort mit dem Weltwissen des Lesers „anreichert“ und damit erst als situativ verwendetes Sprachelement funktional bestimmt.

Das einzige bekannte Element des Titels ist die Angabe *'97*. Die Studenten sagen: „Damit ist das Jahr 1997 gemeint". Das ist Sprachwissen, das an dieser Stelle nicht weiterhilft. Mit Hilfe des jedem Leser verfügbaren Weltwissens lässt sich erkennen, dass die Angabe des Jahres in der Sigle *CeBIT '97* nicht nur das Jahr 1997 meint. Die Verbindung Name + Jahressigle hat eine ganz spezielle Bedeutung, die jedem in der Form *Expo '98, France '98, Oscar '99, San Remo 2000* u. ä. m. vertraut ist. Die Sigle gibt nicht nur das Jahr an, sondern sie impliziert auch die Periodizität eines Ereignisses, das somit als eine Veranstaltung ausgewiesen ist. Die Funktion dieser Siglen ist auch dem verständlich, der nicht weiß, wo die ‚Expo' stattfindet oder welche Veranstaltung im Jahre 1998 in Frankreich stattgefunden hat.

Das Weltwissen hilft nun auch beim Erkennen der Art von Veranstaltung, die periodisch stattfindet, und bei der, wie aus dem Kontext hervorgeht, Computer und Telekommunikation eine Rolle spielen. Diese Art von Veranstaltung heißt im Deutschen „Messe", im Italienischen „fiera". Die CeBIT ist eine Computermesse.

Die weitere Erprobung der Hypothese erfolgt bei paralleler Verarbeitung des Inputs (unterstrichen: das gesuchte Wort, fettgedruckt: die Elemente, die als Grundlage für die Inferenz dienen):

— Bundeswirtschaftsminister Rexrodt eröffnete die Messe
— 7000 Aussteller
— 600.000 Besucher aus aller Welt

Das Weltwissen gibt Auskunft über die Beziehung, die einen „Minister" mit einer „Messe" verbindet: Mit hoher Wahrscheinlichkeit hat die Anwesenheit des Ministers etwas mit dem „Eröffnen" der Messe zu tun. Italienische Lerner, die „öffnen" schon als Entsprechung von *aprire* kennen, werden bei inferenzieller Steuerung ihres Leseaktes die ihnen spontan verfügbare Wortbedeutung zugunsten von *inaugurare* ersetzen, das heißt, *inaugurare* tritt als spontan verfügbare Entsprechung an die Stelle von *aprire,* und die bereits vorhandene lexikalische Kompetenz der Lerner wird ohne bewusste Anstrengung erweitert.

Inferenziell erschließbar sind auch die Funktionen der beiden Zahlenangaben und somit die sie begleitenden Substantive. In Zusammenhang mit einer großen internationalen Fachmesse sind Zahlen wie

7000 und 600.000 selbsterklärend, die kleinere Zahl ist mit großer Sicherheit als Angabe der Aussteller, die größere als Anzahl der Besucher zu identifizieren, so dass „Aussteller" als *espositori* und „Besucher" als *visitatori* bestimmt werden können.

Die Zahlen selbst lassen natürlich keine „eindeutigen" Schlüsse auf ihre Funktion im Text zu. Beim inferenziellen Erschließen ist immer schon die Normalität des Textes vorausgesetzt, wie sie der Erwartungshaltung des Lesers entspricht. Und jeder Erwartung kann im Einzelfall widersprochen werden. In jedem Augenblick kann das inferenziell gesteuerte Lesen in die Irre führen und zu Missverständnissen Anlass geben.

Dieser kaum vorhersagbare Grad von Unsicherheit ist von Textsorte zu Textsorte unterschiedlich hoch, so wie auch der Grad von Präzision von der Textsorte abhängt und stark variieren kann. Der Verzicht auf 100%ige Sicherheit bei den Ergebnissen des Lesens verlangt eine ganz eigene Lese- und Lernhaltung, die mit der Unsicherheit rechnet und den Lerner dazu führt, immer genauer auf solche Elemente des Textes zu achten, die als Bestätigung oder als Widerlegung einer gerade erfolgten hypothetischen Sinnzuordnung dienen können.

Die Unsicherheit des Verfahrens führt die Lernenden dazu, ihre muttersprachlichen Erfahrungen immer genauer zu überprüfen und durch immer raffiniertere Inferenzen mit der aktuellen Aufgabe zu verbinden.

Da jeder Text eine Vielzahl von inferenziell steuerbaren Zugängen aufweist und keiner dieser Wege im Einzelnen vorgeschrieben werden kann, gibt es eine Fülle von Daten, die als erschließbare Hinweise zugunsten der ersten Hypothese oder gegen sie verwendet werden können. So findet die Deutung von „Aussteller" nicht nur in der Zahl Rückhalt, sondern zugleich auch in der Nähe zum spontan erkennbaren Wort „Produkte". Die breitere Basis für inferenzielles Erschließen, die sich beim zweiten Lesedurchgang eröffnet, lenkt die Aufmerksamkeit spontan auf die nun genauer erkennbaren Lücken im Text, die ihrerseits zu neuen Zielen des inferenziellen Erschließen werden.

zeigen fast 7000 Aussteller ihre neuesten Produkte

In einem weiteren Schritt kann – in Analogie zum funktionalen Verhältnis, das den Minister mit der Messe verknüpft – die Funktion der

Aussteller mit dem Verbum „zeigen“ in einen Zusammenhang mit den ebenfalls verständlichen „Produkten“ gebracht werden, und das Verbum wird in seinem semantischen Umriss erkennbar und verständlich: „die Aussteller stellen aus“.

Dieses Ergebnis wird mit Hilfe des erschließenden Denkens erreicht, das jedoch in der Art, wie es hier eingesetzt wird, nur gestattet, Hypothesen aufzustellen. Es handelt sich dabei um eine Art vernunftgeleitetes Raten mit hoher Erfolgsquote. Jede erfolgreich erstellte Hypothese reiht sich in eine Reihe verfügbarer Informationen und Erfahrungen mit dem Text ein, wobei die sich gegenseitig stützenden Hypothesen rasch ein plausibles Gesamtbild ergeben oder in einer späteren Phase falsifiziert werden.

Damit ist der Weg gewiesen, den die Lerner nun gehen: Sie nähern sich dem Text immer wieder aufs Neue, wobei sie für jede neue Lektüre die zuvor gemachten Erfahrungen als neue Grundlage für das Lesen und Verstehen mitbringen. Ausgangspunkt für das Lesen ist der genaue Blick auf den Text, der als sinnvoll strukturiertes Gebilde erscheint, das sich Schritt für Schritt in seiner Eigenart zu erkennen gibt.

Der aufmerksame Blick auf den Text, der dem inferenziellen Prozess notwendigerweise vorausgeht und ihn immer begleitet, führt zu weiteren, spontan evozierten aufmerksamen Blicken auf den Text, und diese Vorgänge entstehen immer wieder aufs Neue: Aufmerksamkeit, Hypothese und erneute Aufmerksamkeit bedingen einander, sind Stütze und Motor einer Aktivität, die, einmal in Gang gesetzt, eigentlich nicht mehr zu Ende kommt, denn jedes Lesen führt zu neuen Hypothesen, die erneut die Suche nach Bestätigung oder Widerlegung auslösen.

Der autonome Lerner

Der hier geschilderte Umgang mit sprachlichen Stimuli, mit deren Hilfe die Sprache selbst gelernt werden soll, verlangt eine ganz bestimmte Haltung, die der Lerner schon vor Beginn der Arbeit einnehmen muss. Es geht nicht darum, zu warten, bis ein unbekanntes Wort den Einsatz inferenziellen Erschließens erfordert, sondern der Lernende muss den ganzen Text in der Haltung eines „wissenden Lesers“ lesen, der sich seiner Fähigkeiten voll bewusst ist. Die Haltung, die bei diesem Umgang mit Sprache zum Ausdruck kommt, ist antizipatorisch, *pro-aktiv*.

Die „Offenheit" des Prozesses, der zum Verständnis führt, das Einschränken der Wortbedeutung mit Hilfe des Kontextes bis zu dem jeweils erreichbaren Grad von Präzision und Sicherheit, stellt keine spezielle Technik des Lesens und Arbeitens für Anfänger oder für Lernende dar, sondern ist ein explizites Bild der normalen kognitiven Vorgänge, die unsere Haltung im Umgang mit Sprache und der Welt charakterisieren. Was im Alltag normal ist, kann auch beim Lernen als normale Aktivität eingesetzt werden und somit die Kluft zwischen Lernen und Anwendungen des Gelernten, die gerade beim Zweitspracherwerb in der Schule so auffällig in Erscheinung tritt, nicht nur überwinden, sondern gleichsam von innen heraus eliminieren.

Lernen ist dabei immer schon mit authentischem Gebrauch sinnvoll erfahrener Sprache verbunden.

Der Ausgangspunkt der „inferenziellen" Methode ist aber keineswegs trivial. Den Zugang zu Texten über die Semantik zu suchen, obwohl den Lernern die meisten Wörter des Textes unbekannt sind, ist eine radikale Forderung mit weitreichenden Konsequenzen für die Strategien des Lesens und des Lernens. Die für effizientes Lernen anerkannte Voraussetzung des „verständlichen Inputs" wird hier nicht einfach vorausgesetzt, sondern als Ziel einer selbstgesteuerten Annäherung an den Text verstanden, wobei die statische Voraussetzung zu einem dynamischen Prozess verändert wird.

Der sprachliche Input wird während des Lesens zu einem sinnvoll erfahrbaren Erlebnis und kann in Anschluss an diese erste Lernerfahrung zur Grundlage weiteren Lernens werden. Sinn wird im Moment der Erfahrung konstruiert und bildet den Ausgangspunkt für die nachfolgenden Schritte, die demselben Prinzip verpflichtet sind, mit dessen Hilfe das erste Ergebnis erreicht wurde.

Die Erfahrung von sprachlichen Regularitäten, die als rekurrente Muster in Erscheinung treten und dabei eine Funktionalität andeuten, deren grobe Umrisse durch inferenzielle Techniken erfahrbar sind, wird bei diesem Lernen nicht nur in der Zweitsprache gemacht, sondern auch in der Muttersprache. Die Strategien für die inferenzielle Steuerung des Lesens werden dabei als universell brauchbare Mittel erkannt und rasch interiorisiert. Da der Lerner die Texte selektiv wahrnimmt und die Erschließung bis hin zu den grammatikalischen Feinstrukturen dem wiederholten Lesen anvertraut ist, können solche Texte im Prinzip auch in Anfängerkursen eingesetzt werden.

Die hier präsentierten Übungsmodelle für das autonome Lernen der Prosodie des Deutschen und für das selbstständige, kreative Lesen und Lernen sind als Versuche entstanden, das in italienischen Schulen und Universitäten so deutlich wahrnehmbare inadäquate Lernverhalten der Schüler und Studenten zu korrigieren. Es handelt sich dabei weniger um Lern- oder Übungseinheiten im engen Sinn als vielmehr um propädeutische Momente der Lernerfahrung, die den gesteuerten wie den ungesteuerten Zweitspracherwerb ermöglichen, begleiten und optimieren sollen.

Die Änderung des Lernverhaltens vollzieht sich langsam. Es beginnt mit dem Lesen: An Stelle der konfrontativen Begegnung mit dem Text und dem zu erwartenden Misserfolgserlebnis tritt die schrittweise Annäherung an einen komplexen Text über Varianten des Verstehens, die auch als Ausgangspunkte für die nachfolgenden Schritte erfahren werden. Zugleich macht der Lerner die Erfahrung, dass Verstehen mit Hilfe ihm unbekannter kognitiver Prozesse vor sich gehen kann, noch bevor er die „Grammatik" der Sprache beherrscht, die in diesen Texten Anwendung findet.

Voraussetzung für den graduellen Zugang zum Lernen ist der Kontakt mit einer Vielzahl von Texten. Die rekurrenten Elemente müssen mehrfach und in unterschiedlichen Gebrauchssituationen erfahren werden. In dieser Ausrichtung auf vielfältigen Input und auf eine unerhörte Fülle von nötigem und gefordertem Sprachkontakt, wo hingegen die schulischen Curricula durch relative Reizarmut charakterisiert sind, nähert sich der Zweitspracherwerb in einem grundsätzlichen Aspekt dem Erstspracherwerb an, der ebenfalls durch eine Masse von Kontakten mit der Sprache gekennzeichnet ist.

Diese Menge von Momenten des Lernens kann nur bei selbstverantwortetem Lernen angestrebt und erreicht werden, als „tägliches" Lernen – das zugleich eine Vorbereitung für das lebenslange Lernen ist, das heute von allen Experten der Schule und des Arbeitsmarktes als selbstverständlich vorausgesetzt wird.

Lernen in der Gruppe

Einen Faktor, der für den positiven Ausgang der Intensivkurse in den 70er Jahren eine wichtige Rolle gespielt hat, muss ich noch nachtragen. Ein wichtiger Faktor, der auf der unbewussten Steuerungsebene wirksam wird, ist das Verhalten des Lernenden zum Lernen selbst. Im Lernen geübte Lernende haben Vorteile gegenüber Studenten, die im Lernen ungeübt sind. Durch Stimuli, die das Lernen der Geübten besonders stark aktivieren und fördern, öffnet sich eine Schere, die schwache und starke Lernende von den ersten Minuten der Arbeit an immer weiter voneinander entfernt, die guten besser macht und die schlechten schlechter.

Wenn wir uns Sprachverarbeitung als das Zusammenspiel der situativmotivierten Steuerung und der werkzeugähnlichen Abwicklung von Routineprozessen vorstellen, dann ist das Defizit der schlechten Lerner wohl zuerst auf der Ebene der Steuerung, bzw. der Verbindung der beiden Ebenen zu suchen. Es gibt Lernende, die von der Steuerungsebene überhaupt erst Notiz nehmen, wenn sie über eine Fülle von Routinen verfügen, und andererseits Lernende, die selbst rudimentäre Routinen, die sie gerade gelernt haben, bereits „steuern", d. h. sich zu eigen machen und kreativ benutzen.

Um die Steuerung positiv zu beeinflussen und das Bedürfnis nach besserer Steuerung zu verankern, bedarf es einer als authentisch erfahrbaren Situation des Lernens und Sprechens.

Die situative Einbettung der Sprechakte von Lernenden kann nicht dem Zufall der kurzen Momente von Interaktion mit den Lehrern überlassen werden, sondern sie muss kontinuierlich und zuverlässig als Rahmenbedingung des Lernens erfahrbar sein. Die Lernenden müssen daher den Rahmen der Authentizität der Situation selbst schaffen und aufrecht halten.

Dieses Ziel auf dem Weg der Gruppenarbeit erreichen zu wollen, widerspricht zunächst der Erfahrung. Italienische Schüler und Studenten sprechen nicht miteinander in der Fremdsprache, und schon gar nicht in der Schule oder auf der Universität. Der dominierende Zugang zur Sprache ist das Heft mit der Mitschrift der Vorlesung und der Übungen, denn auch während der Übungsstunden wird eifrig mitgeschrieben. Diese Rollenfixierung auf das Individuum gilt es zugunsten einer kooperativen kommunikativen Haltung zu verändern, in der Sprechen die Funktion erfüllt, zwischenmenschliche Prozesse zu vermitteln und zu steuern.

Kein „Nullanfänger" würde sich imstande fühlen, in einer authentischen sprachlichen Situation eine Rolle zu übernehmen. Die Rollen müssen den Teilnehmern an der Gruppenarbeit also „entgegenkommen". Und Rollen in funktionierenden Gruppen haben genau diese Eigenschaft: sie sind als latente Rollen bereits funktional bestimmt. Gruppen sind durch vorbestimmte Rollen charakterisiert, durch Positionen, die unterschiedliche Funktionen in der Gruppe übernehmen und dabei stark divergierende Anforderungen an die einzelnen Rollenträger stellen. Auch unselbstständige, unsichere Lernende finden daher in der Gruppe den ihnen adäquaten Ort.

Positionen in der Gruppe

Gruppen im Unterricht sind als Arbeitsgruppen konstituiert und sind von den äußeren Voraussetzungen her nicht besonders stabil. Bei Intensivkursen mit sechs Stunden pro Tag lassen sich solche Gruppen stabilisieren und für die Arbeit des kurzen Zeitraums dieser Kurse nutzen. Entscheidend ist nicht die stabile Konstitution der Gruppe als vielmehr die „gruppale Bezogenheit" (R. Schindler) während der gemeinsamen Arbeit. Die Gruppe konstituiert sich in dieser Sicht – ich folge den Ergebnissen des „Wiener Arbeitskreises für Gruppentherapie und Gruppendynamik" – aus Werten einer Rangordnungsdynamik mit genau differenzierten Positionen. (Das Folgende nach Schindler 1975, 309–312):

– „*Die Alpha-Position*: Wer sie einnimmt, repräsentiert die Gruppe in ihrer Dynamik nach außen.[…] Argumentieren ist nicht Alpha-Art. Er agiert.
– *Die Beta-Position*: Wer sie einnehmen will, muss Sachkenntnis haben im Bereich der Interessen der Gruppe. Er muss die Gruppe beraten und sachlich anleiten, seine Ansichten mit überzeugenden Argumenten oder Erfolgen vertreten.
– *Die Gamma-Position*: Sie ermöglicht anonyme Mitgliedschaft, das Eintauchen in die das Persönliche verdeckende Kollektivität […] Der „Gamma" trägt die manifeste Leistung der Gruppe, aber er ist

nicht mit der Willensbildung dazu belastet. Er erlebt daher seine Arbeit als mühelos.

– *Die Omega-Position*: Sie erfüllt eine für die Gruppendynamik wesentliche Aufgabe, eine Art Repräsentation des Feindes in der Gruppe. Sie wirkt fremd- und randzugehörig, der Gruppenneue wie auch der Unterbegabte oder Ängstlich-Unsichere ist für sie disponiert.

Wir sehen also, dass die Gruppe nicht nur durch eine nach außen gerichtete gemeinsame Dynamik geeint wurde, sondern dass sie auch in sich eine ständige Dynamik der Kräfte enthält. Von der Alpha-Position fließen Affekte gegen Gamma, von diesem wieder gegen Omega und von diesem wiederum gegen Alpha. Außerhalb dieses Dreiecks liegt die Beta-Position."

Beim Intensivkurs für erwachsene Lerner des Deutschen im Jahr 1975 waren die Lernenden in Vierergruppen aufgeteilt, die sehr rasch die vier funktionalen Positionen erkennen ließen. Auch weniger präzis konstituierte Lernergruppen in Intensivkursen mit Studenten der Universität Bergamo in den Jahren 1972 bis 1975 ließen in vielen Fällen die merkmalhaften dynamischen Gruppenpositionen erkennen. Solche Gruppen waren weitaus stabiler als prägruppale Formierungen mit vier Mitgliedern ohne erkennbare Differenzierung der Rollen, und sie zeigten vom ersten Tag an autonomes Verhalten und Lernen. Lernende in der unstrukturierten Situation einer großen Klasse blieben hingegen weitgehend bei ihrem passiven Lernverhalten.

Zu einer Gruppe vereinte Menschen sind als Gruppe überhaupt nur konstituiert durch das Ziel einer die Mitglieder der Gruppe verbindenden gemeinsamen Aktion. Diese Voraussetzung ist beim Lernen in Gruppen gegeben. Die Festigung der Alpha-Rolle kann durch die Arbeitsanweisung erfolgen, die Ergebnisse der Gruppenarbeit mit anderen Gruppen auszutauschen und zu koordinieren. Spontan wird ein Gruppenmitglied zum Vertreter der Gruppe nach außen bestimmt und die Konstituierung der restlichen Rollen kann erfolgen. Die Omega-Position wird dabei gern von Studenten eingenommen, die auf der Auflistung des Wissens beharren, die nicht gemeinsam in einer Gruppe arbeiten, sondern individuell „pauken" möchten, die Grammatikparadigmen in Listen verlangen und die Übersetzung der neuen Wörter pedantisch genau auf die Arbeitsblätter schreiben.

Entscheidend für den Erfolg der Gruppenarbeit beim Intensivkurs von 1975 war auch die Selbstbestimmung der Themen. Vom ersten Nachmittag an arbeitete die Gruppe der Theaterwissenschaftler mit Benjamins „Programm eines proletarischen Kindertheaters", die Linguisten hatten „Linguistik der Negation" von Harald Weinrich gewählt, und andere Gruppen arbeiteten mit Texten aus ihrem jeweiligen Interessengebiet. Besonders stark ist der Unterschied unserer normalen Studenten zu den Gruppen der erwachsenen Lernenden von 1975 aber auf Grund der ausgeprägte Disposition zum Lernen der erwachsenen Lerner, handelte es sich doch um junge Wissenschaftler im Zenit ihrer Schaffenskraft und ihrer Ambitionen. Die neu gewonnenen Deutschkenntnisse sollten ihnen gleichsam den letzten Schliff auf dem Weg zu einer brillanten akademischen Karriere geben.

Gruppenarbeit beim gesteuerten Spracherwerb an der Universität hat also vor allem das Problem der motivierenden Projekte und der den Gruppen vorzugebenen Arbeitsstrategien zu lösen.

Aufgabenorientiertes Sprachenlernen

Kommunikatives Sprachenlernen beginnt bei der Steuerung der für die Atmung benötigten Muskulatur, betrifft eine „intentionale", auf Erfahrung beruhende Ebene der Steuerung, die mit dem Weltwissen der Sprechenden und ihrer persönlichen, idiosynkratischen Kultur in tiefem Einklang steht, benutzt Routinen der Sprachverarbeitung, die zwar automatisch ablaufen, die aber als Auslöser der Automatismen die Steuerung durch die intentionale, die „pragmatische" Ebene verlangen. Schließlich zeigen sich Dispositionen zu intensiver, als „mühelos" erlebbarer Leistung, wenn die Arbeit vom Lernenden in einer Rolle bei funktionierender Gruppendynamik geleistet wird.

An diesem Punkt ist die Entscheidung zur *task-oriented* Lernpraxis ein notwendiger Schritt, denn zielgerichtetes Handeln ist die Prämisse für die Konstitution von Gruppen nach den von der Wiener Schule beschriebenen Rollenpositionen.

Da die Omega-Rolle genau zu der Rolle des oppositionellen grammatikfixierten Studenten passt, lässt sich das Bedürfnis nach „Formen" innerhalb einer Dynamik entfalten, die diesem Bedürfnis zwar entgegenkommt, sich aber nicht aufhalten lässt auf dem Weg zum kommunikativen Ziel, das von der jeweiligen Aufgabe vorgegeben wird.

So können gerade die Studenten, die sich der kommunikativen Arbeit sperren, entscheidend zum Erfolg der Gruppenarbeit beitragen. Das einseitige Interesse an „Grammatik" wird bei der verteilten Gruppenarbeit von einem einzelnen Gruppenmitglied aktiv vertreten, so dass als Ergebnis der Arbeit positive Impulse aus dieser punktuellen Aufmerksamkeit auf sprachliche Phänomene allen Teilnehmern der Arbeit zugute kommen.

Wenn wir gelenkte Gruppenarbeit aus dieser Perspektive betrachten, dann sollte die Lenkung vor allem darin bestehen, die Auswahl der Aufgaben zu steuern und kommunikative Anlässe vorzuschlagen, die der Gruppe in bestimmten Intervallen den Anschluss an die Außenwelt vorschreiben.

An diesem Punkt ist die Beschreibung der Intensivkurse, die ich vor 25 Jahren durchgeführt habe, beendet. Alle Faktoren, die aus der Distanz rekonstruiert werden konnten, sind angesprochen und im Licht neuerer Erkenntnisse zum gesteuerten Spracherwerb diskutiert worden. Die Erinnerung an diese Kurse ist kein Selbstzweck, sondern Angelpunkt und „Filter" für die Orientierung bei den gegenwärtigen Problemen und für die Entscheidungen in Hinblick auf die situativen Bedingungen des Lernens in der Schule und an der Universität. Gleich geblieben ist die Zielgruppe und der äußere Rahmen des Unterrichts, der nur geringen Spielraum gestattet.

Die Konsequenzen aus der „kritischen" Rekonstruktion der alten Kurse werden in den abgeschwächten Formen vorgestellt, wie sie in der Anwendung an der Universität tatsächlich realisiert werden konnten, das heißt mit lernerorientierten Inhalten, die aber in Situationen des Frontalunterrichts mit dem Schwerpunkt auf individuellen Arbeitsprozessen eingesetzt werden.

Die Arbeitsstrategien sind aber auf Gruppenarbeit ausgerichtet, und das Ziel dieser Darstellung wäre erreicht, wenn die Beschreibung der Leistungen und der Arbeitsbedingungen unserer Studenten in den Lesern den Wunsch nach einer besseren Realisierung – eben in Form der hier nicht realisierten Gruppenarbeit – wachrufen würde.

Was jedoch in allen Lernsituationen realisiert werden kann, ist Lernen mit Inhalten, Spracherwerb im Rahmen von Wissenserwerb, also ein Immersionsunterricht *in nuce*, der mit genau den inferenziellen Strategien erfolgreich durchgeführt werden kann, die er in der engen Bindung von Sprache und Weltwissen ja auch verlangt.

Inferenz und Lernen im Sprachkontakt

In jedem Moment des Sprechens sind unbewusst ablaufende inferenzielle Prozesse in Funktion. Sie gehören auf eine so selbstverständliche Weise zu unserer kognitiven Tätigkeit, dass wir sie gar nicht wahrnehmen. Da sie immer vorhanden sind, sind sie für uns unsichtbar. „Die für uns wichtigsten Aspekte der Dinge sind durch ihre Einfachheit und Alltäglichkeit verborgen", schreibt Wittgenstein in den *Philosophischen Untersuchungen*, und fährt fort: „Die eigentlichen Grundlagen seiner Forschung fallen dem Menschen gar nicht auf. Es sei denn, daß ihm *dies* einmal aufgefallen ist. – Und das heißt: das, was, einmal gesehen, das Auffallendste und Stärkste ist, fällt uns nicht auf."

Inferenzielle Prozesse sind nach Ausweis der hier vorgestellten Daten ein „starker" Faktor, der Lernen fördert oder – wenn sie fehlen – behindert. Von der Geburt an, wenn das Neugeborene die ihm vertrauten prosodischen Muster einem Körper und später dem Gesicht der Mutter zuordnet, bestimmen inferenzielle Prozesse konsequent und kontinuierlich jeden Augenblick unseres Lebens. Nur eine typische Situation ist von ihrer Allgegenwart ausgeschlossen, das schulisch organisierte Lernen und, in ganz krasser Form, das schulmäßige Lernen von Sprachen.

Eklatante Misserfolge im Sprachunterricht an Schule und Universität könnten durch diese Missachtung der universellen und unverzichtbaren Verbindung von Inferenz und Lernen erklärbar sein.

Ein Sprachmodell, das mit der unbewussten Aktivierung der Werkzeugebene rechnet, muss der inferenziellen Tätigkeit des sprechenden Menschen einen hohen Stellenwert zumessen, denn mit ihrer Hilfe verbinden wir den Moment der Gegenwart mit unserer Erfahrung. Wir lernen für die Zukunft, das heißt, wir lernen, um für künftige Herausforderungen besser gewappnet zu sein. In dieser Sicht erweist das Defizit an inferenzieller Tätigkeit der italienischen Studenten erst sein ganzes negatives Potential. Ohne die erstmalige und die kontinuierlich erneuerte Aktivierung der Steuerungsebene durch die Erfahrung bleibt die

Steuerung ein schlecht funktionierendes Instrument der kognitiven Tätigkeit.

Es könnte also der Fall sein, dass die schlechten Lernergebnisse unserer Schüler Zeugnis ablegen von einer eingeschränkten kognitiven Funktionalität, die ohne die im Moment des gesteuerten Spracherwerbs entstandenen Spuren unsichtbar geblieben wäre.

Kognitive Prozesse werden sichtbar und der Forschung zugänglich, wenn ihr Ablauf pathologisch gestört ist. So lassen sich bei Patienten mit unterschiedlichen Formen der Aphasie funktional eingeschränkte Subkompetenzen feststellen und beschreiben, wie die Benennung, das Nachsprechen, das Übersetzen, die alle in irgendeiner Form gestört sein können und die in ihrer Eigenart bei Patienten mit gerade diesem Befund beobachtet werden können.

Zu diesen Fällen gehören auch Patienten mit gestörtem Ablauf des inferenziellen Schließens. Diese spezifische Pathologie ist erst seit wenigen Jahren in das Gesichtsfeld der neurologischen Forschung getreten und man kann in nächster Zeit mit spektakulären Änderungen unseres Bildes von der menschlichen Sprechtätigkeit und der Sprachkompetenz rechnen, die bei diesen Ergebnissen ansetzen.

Neben der Aphasieforschung stellen die Erfahrungen mit den Blockaden der inferenziellen Tätigkeit beim gesteuerten Zweitsprachunterricht einen Bereich dar, in dem empirische Daten über diese sonst „unsichtbaren“ Phänomene gewonnen werden können.

Da diese Arbeit von der Hypothese geleitet wird, die inferenzielle Tätigkeit habe als wichtige Teilfunktion der Sprechtätigkeit zu gelten, erhalten die Lerner Aufgaben, die mit Hilfe bewusster inferenzieller Leistungen erfolgreich durchgeführt werden können.

Der Lernprozess beginnt dabei immer mit dem „Sammeln“ der bereits bekannten Wörter des vorgelegten Textes. Sammeln und Sichsammeln gehen dabei Hand in Hand, die Konzentration auf das Bekannte – statt das Bekannte wie gewohnt einfach zu überfliegen – soll die Grundlage schaffen für das Erschließen des Unbekannten.

Die intensive Erfahrung des verstehenden Lesens bei bereits bekannten Wörtern ist bereits als Vorübung zu verstehen für das Erschließen der unbekannten Wörter auf genau demselben Weg. Der oberflächliche, flüchtige Umgang mit dem Bekannten ist vielleicht der Beginn vieler Sprech- und Leseversuche, die glücklos enden.

Die Wörter, die dem Verständnis spontan zugänglich sind, werden bei diesem „wirklich" verstehenden Lesen, bei diesem „perfekten" Verstehen (vgl. die Etymologie von *perficio*, „zu Ende führen, ganz machen") in ihrer textuellen und situativen Funktion erfahren.

Dieser intensiv auf das Verstehen ausgerichtete Umgang mit Texten in einer fremden Sprache ist nicht selbstverständlich und muss gelernt und geübt werden. Lernen und Üben stellen dabei zwei Seiten eines einzigen Prozesses dar, so dass ein Programm, das auf diesen Grundlagen aufbaut, einfach darin bestehen kann, jeden Tag zu lesen und mit immer neuen Texten zu arbeiten.

Der tägliche Umgang mit einer Vielzahl von Lesetexten führt zu Lese- und Verstehensstrategien, die sodann durch wiederholtes Lesen von bereits bekannten Texten zu einer immer feiner gesponnenen Vernetzung der inferenziell gewonnenen Einsichten in den Inhalt und den Aufbau der Texte führen.

Entscheidend ist die Qualität des ersten Zugriffs, der erste Moment der Begegnung, der erste Akt des Verstehens, der notwendigerweise bei bereits Bekanntem ansetzt. Auch das Bekannte muss als neu erfahren werden und *diese* Erfahrung vermittelt dem Lerner das Gefühl zu lernen.

Beim folgenden Text beginnt die Vertiefung des Verstehens schon beim ersten Wort des Textes, falls es in seiner textuellen Funktion wahrgenommen wird. „Wirtschaft" bedeutet an der Stelle, an der das Wort erscheint, nicht einfach die deutsche Entsprechung für „economia", das Wort erscheint an einer bedeutungsvollen Stelle, „Wirtschaft" fungiert hier als eine der Rubriken, wie sie etwa aus Nachrichtenmagazinen bekannt sind. „Wirtschaft" gehört zu einer Gruppe von Rubriken wie „Politik", „Kultur", „Deutschland", „Europa", „Welt", „Mode", „Film", usw. – eine Reihe, die im Prinzip zwar offen ist, in der Praxis aber nicht mehr als 20 Positionen umfasssen dürfte.

Wer dieser Funktion des Wortes „Wirtschaft" im Kontext Rechnung trägt und somit den Text in seiner kommunikativen Situation verankert, kann auch als absoluter Beginner, das heißt, ohne ein einziges Wort der Sprache zu kennen, mit einem Blick auf die Namen und Zahlen die Bedeutung des Textes inferenziell erschließen.

WIRTSCHAFT
Deutschland

Die zehn größten Handelsunternehmen Deutschlands

	Firma	Umsatz in Mrd. DM
1.	Metro Gruppe	76,59
2.	Tengelmann	48,99
3.	Rewe Gruppe	43,13
4.	Aldi-Einkauf GmbH	30,65
5.	Otto Versand International GmbH	24,4
6.	Edeka Zentrale AG	24,3
7.	Karstadt	24,1
8.	Spar Gruppe	21,7
9.	Lidl & Schwarz Stiftung & Co. KG	15,1
10.	Quelle Handelsgruppe	12,12

Diese zehn Konzerne teilen sich nach Schätzungen von Branchenkennern rund 30 Prozent des gesamten deutschen Einzelhandelsumsatzes.
Im Lebensmitteleinzelhandel erreichten die „Top 10" im vergangenen Jahr nach Angaben der Unternehmensberatung M+M Eurodata zusammen einen Anteil von 79,4 Prozent am Gesamtmarkt.

14. 03. 96, 18:21
webmaster@focus.de

Das Erschließen von Bedeutungen ist eine Tätigkeit, die den Lerner in jedem Moment begleitet – auch bei den ihm bereits bekannten Wörtern. Von dieser Grundhaltung aus wird das Erschließen der Bedeutung unbekannter Wörter zu einer „normalen" Aktivität, die nicht nur in Momenten der Not als Hilfsmittel aufgerufen wird.

Italienische Lerner kennen in der Regel zumindest die Firma „Metro", aber sie nutzen dieses Wissen nicht für das Verständnis des Textes. Die Vorstellung, ihr (geringes) Weltwissen könnte Hilfe beim Lesen eines Textes in der Fremdsprache bieten, ist ihnen ganz und gar fremd. Die Haltung der meisten Lerner ist pessimistisch und lustlos. Sie wissen, früher oder später kommt ein unverständliches Wort, das sie blockieren wird. Gleich zu Beginn dieses Textes sind es drei Wörter, „Handelsunternehmen", „Firma" und „Umsatz".

Nähern sie sich dem Text in der neu gelernten Haltung, so gibt ihnen die Erfahrung der Funktion des Wortes „Wirtschaft“ viel mehr als die bloße Wortbedeutung in ihrer Muttersprache. „Wirtschaft“ bedeutet in diesem Kontext, dass alles Folgende von Wirtschaft handelt, dass die Tatsachen und die Sprache mit Wirtschaft zu tun haben, so dass sich der Leser auf den Text einstimmen kann, indem er seine Enzyklopädie selektiv in Hinblick auf Wirtschaftsthemen aktiviert und seine Sprachkompetenz auf die dabei verwendete Sprache ausrichtet.

Im Zusammenhang mit den Namen der Firmen in der Liste wird das Wort „Firmen“ erkannt und der Fachausdruck „Umsatz“ kann gegenüber Ausdrücken im gleichen Wortfeld wie „Einnahme“, „Lohn“, „Einkommen“, „Gewinn“ in seiner spezifischen Bedeutung abgegrenzt werden. Die über Erfahrung und Weltwissen vermittelte Erkenntnis der Wortbedeutung von „Umsatz“ stellt sozusagen den Endpunkt eines Lernprozesses dar. Am Beginn der Einführung in autonomes Lernen gelingt die inferenzielle Erschließung der Äquivalenz von „Umsatz“ und „fatturato“ nur einer verschwindend geringen Zahl von Studenten. Alle Studenten besitzen zwar das entsprechende italienische Wort, „fatturato“, in ihrem passiven Wortschatz, sie erkennen aber nicht die Einsatzmöglichkeit des italienischen Wortes an gerade dieser Stelle des Textes.

Wenn ein bekanntes Wort nicht spontan erreichbar ist, dann ist der Griff zum Wörterbuch eigentlich nicht die beste Lösung. Die gefundene Übersetzung wird in derselben passiven Haltung wahrgenommen, wie schon das deutsche Wort, dessen „Fremdheit“ mit ganz geringer Anstrengung überwunden hätte werden können. So liegt wohl eine gewisse Konsequenz darin, dass die Studenten die italienischen Entsprechungen in winziger Schrift zwischen die Zeilen des Textes schreiben, wo das italienische Wort als permanent anwesende Verständnishilfe das Lernen eigentlich überflüssig macht.

Die inferenzielle Tätigkeit in Momenten des Sprachkontaktes betrifft beide Sprachen in unterschiedlicher Gewichtung. Die Zweitsprache stellt eine Aufgabe und dient somit als Auslöser eines komplexen kognitiven Prozesses: *Umsatz* = Kennzahl in Milliarden DM, mit der die Größe von Unternehmen angegeben wird. Welche analog gebrauchte Kennzahl kennen die Lernenden aus Texten ihrer Muttersprache? An diesem Punkt führt die inferenzielle Tätigkeit am fremden Text zur Muttersprache zurück und fordert von den Lernenden, rasch ein Begriffsfeld der ihnen bekannten Kennzahlen zu bilden, um die geeignete Entsprechung für „Umsatz" auszuwählen: *guadagno, entrate, giro di affari, utile, fatturato...*

Bei den bisher beobachteten Momenten der Gruppenarbeit in der Klasse wurde der fachsprachliche Terminus „fatturato" wenn überhaupt, erst nach langer, mühsamer Suche gefunden.

Es zeigt sich ganz deutlich, dass das erste italienische Wort, das spontan als Übersetzung vorgeschlagen wird, die Suche nach Alternativen empfindlich stört. Die weitere Suche setzt sodann nicht mehr am deutschen Wort in seinem Kontext an, sondern am italienischen, vom ursprünglichen Kontext isolierten Wort. Sprachlicher und außersprachlicher Kontext, Register und fachsprachliche Aspekte bleiben dabei unberücksichtigt. Es ist, als habe der Akt des Übersetzens alle Bezüge zur Textdimension, zur sprachlichen Realität und zur „Welt" unterbrochen.

Um diese selbstgeschaffene Barriere zu überwinden, müssten die Lerner die Funktion des deutschen Wortes als Bestandteil eines Feldes verstehen und in der Muttersprache ein analoges virtuelles Begriffsfeld aufbauen, aus dem die Wörter wie in einer offenen Liste abrufbar bereit stehen und dem jeweiligen Kontext entsprechend genutzt werden können:

Wort		*Kontext*
entrate	Einkünfte	neutral
stipendio	Gehalt	privat
giro d'affari	Umsatz	Unternehmen
guadagno	Gewinn	privat/neutral
utile	Ertrag, Gewinn	Unternehmen
fatturato	Umsatz	Unternehmen

Wenn wir aus dieser Liste alle Elemente streichen, die nicht mit dem Kontext des Originaltextes vereinbar sind, verbleiben mit *giro d'affari/fatturato* versus *utile*, „Umsatz" versus „Gewinn", zwei unterschiedliche semantische Bereiche, aus denen in der Folge die Wahl getroffen werden muss.

In eine solche Opposition gestellt, wird die Differenz als relevant erfahrbar und verlangt nach einer Entscheidung. Nach welcher Kennzahl sind ähnliche Listen gereiht, die ich schon gesehen habe? Wird die Größe von Unternehmen durch den Gewinn ausgedrückt oder durch den Umsatz? Von der dritten Kennzahl, der Kapitalisierung (dem Börsenwert), die wahrscheinlich nur Spezialisten vertraut ist, einmal abgesehen.

Neben der eigenen Erfahrung mit ähnlichen Listen können die Zahlenwerte selbst Aufschluss geben. Dazu bedarf es allerdings speziellen Wissens über die Größenordnung, in deren Rahmen sich die Umsätze und die Gewinne internationaler Großkonzerne bewegen. Diese Zahlen sind den Lernenden natürlich nicht vertraut, Millionen und Milliarden Mark bleiben abstrakte Größen ohne Erkenntniswert.

Die Lernenden kennen zwar die Zahlen nicht, sie erkennen aber im Moment des Lesens, dass die Kenntnis dieser Zahlen nützlich ist und dass die Zahlen mit ihrer spezifischen Aussagekraft ebenso zum Text gehören wie die Wörter, die sie lernen und verwenden. Sie können also diesen Aspekt der „Welt“ genau in dem Moment lernen, in dem sie diesem Fragment an Wissen als Problem begegnen.

In einem auf solche Art erlebten Moment des Lernens geschieht mehr und anderes als beim traditionellen Lesen eines fremden Textes. In die Erfahrung der Fremdheit ist die Muttersprache des Lerners mit eingeschlossen und der Lernprozess selbst betrifft das Weltwissen, die Muttersprache und die Zweitsprache als ein vernetztes Ganzes.

Dass die situationsadäquate Entsprechung von „Umsatz“ das italienische Wort „fatturato“ ist und nicht das umgangssprachlich gebräuchliche „entrate“, ist ein pragmatischer und stilistischer Aspekt der italienischen Sprache und betrifft nicht das Deutsche. Das Unverständnis der Lerner ist auf ein Defizit im Umgang mit ihrer Muttersprache zurückzuführen und nicht auf ein Defizit in ihrer Zweitsprachenkompetenz. Von dieser Erkenntnis aus lassen sich Strategien für autonomes Lernen bestimmen und in die Praxis umsetzen, bei denen der Zugriff auf das Wissen und die Verfügbarkeit inferenziell erschlossener Lexik sowohl in der Zweitsprache als auch in der Muttersprache wichtige Faktoren darstellen.

Diese Strategie hat folgende Schwerpunkte:

1) Kein Text ist isoliert zu lesen, sondern steht im Kontext mit anderen Texten; jeder Text soll mehrmals gelesen werden, nach jeder Arbeit soll zum Abschluss ein alter Text wieder gelesen werden. Auch während der Arbeit mit einem Text kann eine Pause eingelegt werden, um einen alten Text erneut zu lesen.

2) Keine problematische oder unverständliche Stelle eines Textes soll lange fixiert werden. Da alle Texte früher oder später wieder gelesen werden, wird man zu einem späteren Zeitpunkt ohnedies auf die problematische Stelle zurückkommen. Wichtig ist die Übung im raschen Erkennen von Sinnzusammenhängen, die sich oft mit Hilfe auch nur weniger Elemente eines Textes gewinnen lassen.
3) Das rasche und spontane Überschreiten der Grenze zwischen Muttersprache und Zweitsprache ist wichtig und muss geübt werden. Der bewusste Einsatz der Muttersprache ist wichtig, aber nur in ganz bestimmten Momenten und Teilbereichen des Lernprozesses. In anderen Momenten hingegen muss jeder bewusste Einfluss der Muttersprache unterbleiben.
4) Obwohl inferenzielle Prozesse antizipiert und beschrieben werden können, sind sie im Einzelfall nie vorherzusehen. Der Lerner ist in jedem Moment frei, effiziente Inferenzen anzustellen oder auf ein isoliertes Wort zu starren, dann wiederum das Erschließen an einer ungeeigneten Stelle anzusetzen oder aber einen fruchtbaren Prozess vorzeitig zu unterbrechen, usw., usw. Italienische Lerner sind vom nicht-inferenziellen Lernen so stark geprägt, dass sie nur zögernd und ausnahmsweise zu solchen Schlüssen greifen. Der rasche und spontane Zugriff auf Welt- und Sprachwissen ist daher im Kontakt mit Hunderten von Texten zu erproben und zu üben.
5) Die Erfahrungen, die beim Lernen mit Texten gemacht werden, können mit den Erfahrungen verglichen werden, die ein Anfänger macht, der Tennis lernt. Wer das ungewohnte Verhalten bei einem Rückhandschlag oder beim Aufschlag lernen will, muss die dabei notwendigen koordinierten Bewegungen in tausendfacher Wiederholung stabilisieren. Spracherwerb benötigt in Analogie dazu ebenfalls eine Phase der Wiederholung, die weitaus umfangreicher sein muss als in den Fremdsprachen-Curricula von Schule und Universität vorgesehen ist.
6) Das Handlungsmodell der wiederholten Annäherung an ein Ziel bei schrittweiser Verfeinerung und Ausweitung der Wahrnehmung von Text zu Text kann mit Gewinn auch das frühe Schreiben leiten. Einfachste Sätze werden geschrieben und beim Wiederlesen beurteilt und schrittweise nach einem weiteren Blick auf die deutsche Vorlage umgeformt. Ziel dieser Arbeit ist es, zu erreichen, dass das Schrei-

ben in der Zweitsprache nicht über die Muttersprache gesteuert wird. Die muttersprachliche Textkompetenz wird beim Verfassen der italienischen Zusammenfassung aktiviert, die sich positiv auf die Planung des Textes in der Zweitsprache auswirkt, aber auf keinen Fall als Übersetzungshilfe während des Schreibens selbst verwendet wird.

7) Da in allen Lernphasen die muttersprachliche Kompetenz eine wichtige und unübersehbare Rolle spielt, ist es bei diesem Lernprojekt besonders plausibel, die Muttersprache aus bestimmten Bereichen des Lernens bewusst auszuschalten. Die Muttersprache wird nicht verpönt, sondern sie erhält bestimmte Aufgaben, die von den Lernern als unverzichtbar erfahren werden. In Analogie dazu sollen sie die Erfahrung machen, dass es beim Lernen einer Sprache Momente gibt, bei denen allein die Zweitsprache aktiviert werden darf. Der kontrollierte und bewusste Zugriff auf die Muttersprache in bestimmten Situationen soll den kontrollierten und bewussten Zugriff auf die Zweitsprache in anderen Situationen fördern.

Lernen, bei dem Muttersprache, Zweitsprache und Weltwissen gleichsam vernetzt in jedem Moment zur Verfügung stehen, kann nicht als Methode gelehrt werden, denn die Art und Weise der Verknüpfung der einzelnen Elemente ist prinzipiell offen und nicht vorherbestimmbar. Die Aufhebung der ursprünglichen Verbindung dieser Bereiche entstand in Jahren der „Übung“ in Schule und Universität und hat ein Verhalten fixiert, das den neuen Wissensstoff von den normalen kognitiven Aktivitäten des Lerners isoliert. Dieses Verhalten gilt es wieder abzubauen. Mittel dazu sind Übungen, die sich auf Körpersprache und überhaupt auf den Körper konzentrieren, spielerisch erprobte prosodische Fähigkeiten, die zuerst bei der Muttersprache ansetzen, konsequenter Gebrauch des inferenziellen Schließens beim Lesen vieler Texte.

So könnte man den Text „Die zehn größten Handelsunternehmen Deutschlands“ Schritt für Schritt aufschlüsseln, beginnend bei der Beobachtung, dass in der Liste der größten Firmen so bekannte Namen wie Mercedes-Benz, Volkswagen, BMW, die Deutsche Bank und Siemens fehlen, die alle als große Unternehmen weltbekannt sind. Daran lässt sich die Frage knüpfen, wie ein Leser auf eine Liste mit italienischen

Firmen reagieren würde, in der FIAT nicht aufscheint? Zögernd kommt auch von unseren Studenten die Antwort, es müsse sich dabei wohl um eine Branchenliste handeln. Wer nun aber imstande ist, in einer Branchenliste auch nur eine einzige Firma zu identifizieren – sagen wir Buitoni in einer Liste und Benetton in einer anderen –, kann von der Branche dieser Firma aus auf den Inhalt der gesamten Liste schließen.

Genau auf diese Weise kann mit Hilfe von „Metro“ die Branche der Liste erschlossen werden. Wenn es sich aber um eine Branchenliste handelt, dann ist anzunehmen, dass die Branche im Titel genannt wird. Mit diesem weiteren Schritt, der einfach als Fortsetzung des erschließenden Kontaktes mit dem Text erfolgte, ist aber bereits der Schritt zur grammatikalischen Analyse vollzogen, und zwar in besonderem Maß bei den Nominalkomposita, die in der deutschen Gegenwartssprache von hoher Frequenz und Produktivität sind und die beim gesteuerten Zweitsprachenerwerb immer zu kurz kommen.

Texte sollen aber nicht systematisch inferenziell abgearbeitet werden, das Erschließen steht als Hilfstechnik im Hintergrund bereit und soll Arbeitsschritte einleiten, die ohne diese Hilfe nicht möglich wären. Kein Schritt ist aber möglich ohne das radikale Verstehen all dessen, was der Lerner zu verstehen imstande ist. So muss er sich anstrengen, um mit Hilfe der sprachlichen Information den Sinn des Ganzen zu erfassen: „Diese zehn Konzerne teilen sich nach Schätzungen von Branchenkennern rund 30 Prozent des gesamten deutschen Einzelhandelsumsatzes“.

Prozentangaben verweisen immer auf ein Ganzes, eben auf die 100 %, und von welchem Ganzen hier die Rede ist, kann gut mit dem umgangsprachlich wie fachsprachlich akzeptablen Ausdruck „Markt“ wiedergegeben werden.

Auch dieser Schluss ist nicht mühelos zu erreichen. Selbst muttersprachliche Dozenten antworten spontan: „30 % vom Marktanteil“. Solche oder ähnliche Antworten erhält man täglich in den Klassenzimmern. Die genaue Bestimmung der Bedeutung von „30 %“ ist in diesem Fall aber schon deshalb notwendig, weil der Prozentanteil auf ein Ganzes verweist, das im Text als komplexes Nominalkompositum „Einzelhandelsumsatz“ erscheint.

Das Wort „Umsatz“ ist bereits bekannt, „Handel“ findet sich im Titel des Textes und ist bereits als „commercio“ identifiziert. An diesem

Punkt wird die Form des Kompositums transparent, die zum Erschließen der Bedeutung hinführt. Der Lerner ist angehalten, über mögliche Differenzierungen nachzudenken, die den Oberbegriff „Handel" („commercio") in Teilbereiche untergliedern. Das Weltwissen wird in diesem Fall effizient genutzt, vor allem wenn als Hilfe der Übergang zum zweiten Element der Nominalgruppe suggeriert wird: „commercio al ...":

Einzelhandel	commercio al dettaglio
Großhandel	commercio all'ingrosso

Die Inferenz mit Hilfe des Italienischen wird hier durch den strukturellen Gegensatz erschwert. Die noch unbekannte Bestimmung des Wortes, die beim deutschen Kompositum links vom Stammwort aufscheint, steht im Italienischen rechts vom bereits Bekannten. An diesem Punkt – also erst nachdem die Hypothese von Einzel-, bzw. Großhandel ins Spiel gebracht wurde – kann (und soll) sich die Aufmerksamkeit des Lerners der *Form* des Wortes zuwenden. Selbst der Anfänger, der erst kurz zuvor das Wort „eins" gelernt hat, erkennt in „Einzel-" einen Hinweis, der den Begriff des Einzelhandels suggeriert und den des Großhandels ausschließt.

Der inferenzielle Zugriff auf den Text ist kein einmaliger Vorgang, sondern ein rekursiver Prozess, der auf das Ergebnis des ersten „Durchlaufs" erneut angewendet wird. Beim zweiten Lesen wird die Nominalgruppe vollständig wahrgenommen.

Der inferenzielle Zugriff soll schnell und sicher vor sich gehen. Daraus folgt, dass der Leser die ihm unbekannten Elemente überspringen und sein erstes Verstehen ausschließlich auf die ihm bekannten oder erkennbaren Elemente stützen soll.

Um die Vernetzung der Texte mit der „Welt" und dem Wissen des Lesers weiter zu unterstreichen, werden jeweils zwei oder drei Texte simultan dargeboten, so die beiden Texte zur CeBIT zusammen mit den „Handelsunternehmen". Die Inferenzen überbrücken dabei die Grenzen des Einzeltextes. Vom „Stand" mit dem „Standtelefon" kann effizient auf die „Messe" geschlossen werden, die „größten" finden sich gleich zu Beginn des CeBIT-Textes und auch im Titel der Handelsunternehmen. Das Wiederfinden wird zum Schlüssel für das Verstehen.

Rekurrente Muster, von der elementaren Morphologie bis zu den stilistischen Feinheiten pragmatischer Differenzierungen, können so früher oder später unter dem gemeinsamen Dach der „intelligenten" Exploration von Texten entdeckt werden.

Einem bestimmten Lernertyp stellt sich dabei die psychologische Hürde entgegen, dass bei diesem Lernen nicht alle Elemente der Zweitsprache mit demselben Grad von Sicherheit erworben werden. Sicherheit ist bei diesem Lernprozess, der auf Hypothesen aufbaut, ein relativer Begriff, der wesentlich zur Erfahrung des Lernens gehört. Die Sicherheit muss graduell gewonnen werden, sie steht am Ende des Weges und nicht an seinem Anfang. Die Lerner bauen nicht mit kleinen Elementen, die sie „sicher" beherrschen, sondern sie verfügen über eine umfassende, aber unsichere Grundlage, die durch weiteren Gebrauch konsolidiert wird, wodurch auch der Faktor Sicherheit immer mehr Raum erhält.

Neben der individuell erfahrenen Problematik des Gefühls von „Sicherheit" des Lerners, das eigentlich dem *Besitz* des Gelernten gilt, gibt es die textuelle Dimension der Präzision. Sicherheit und Präzision im Ausdruck und im Verstehen sind relative Größen, die von Textsorte zu Textsorte sehr stark variieren (Sabatini 1999). In vielen Situationen verstehen wir ungenau oder begnügen uns mit Andeutungen oder vagen Beschreibungen und Auskünften. Wie wir nicht in jeder kommunikativen Situation denselben Grad an sprachlicher Präzision suchen und brauchen, so stellen unterschiedliche Textsorten unterschiedliche Ansprüche hinsichtlich der wünschenswerten sprachlichen Genauigkeit.

Dasselbe gilt auch innerhalb eines Textes. Es gibt Stellen, Sätze, Ausdrücke, ganze Abschnitte, die nicht mit derselben Genauigkeit erfasst werden können/müssen wie andere Stellen desselben Textes.

Auch wenn der Lerner der Sprache nicht imstande ist, solche Stellen in ihrer Eigenheit zu erkennen (und sie bewusst aus dem forschenden Lesen auszusparen), kann er auch jederzeit damit rechnen, dass es solche Stellen gibt. Mit dem Wissen, dass es irgendwo in Texten immer Stellen geben kann, die weniger Aufmerksamkeit verlangen, kann er ihm unverständliche Stellen eines Textes einfach so behandeln, als handle es sich dabei um weniger wichtige Teile des Textes. Die adäquate Reaktion auf eine solche Stelle im Text kann darin bestehen, sie einfach zu überspringen, oder sich mit einem groben Verständnis zu begnügen.

Inferenzielle Kompetenz und Grammatikerwerb

Eine Konstante im Verhalten der „schlechten" Deutschstudenten in Italien ist das deutlich zu beobachtende Defizit an inferenzieller Kompetenz. Spracherwerb steht, wie jede sprachliche Tätigkeit überhaupt, im Zusammenhang mit inferenziellen Prozessen, dem Verknüpfen von neuen Erfahrungen mit der gegenwärtigen wie erinnerten Lebenswirklichkeit der Lernenden. Inferenzielle Prozesse gehen zum Großteil unbewusst vor sich und ihre Bedeutung zeigt sich oft in Momenten, in denen sie durch ihr Fehlen den kommunikativen Prozess stören oder sogar unmöglich machen.

Diese Aspekte der Lernsituation: (a) die inferenzielle Tätigkeit als solche und (b) die Folgen des Defizits an inferenzieller Kompetenz in der Muttersprache der Lernenden, sollen an Fallbeispielen dargestellt werden, die auch einen dritten Punkt thematisieren, (c) die beim inferenziellen Arbeiten erfahrbare Einschränkung des Bedeutungspotentials durch grammatikalische *constraints*.

In jedem Text, der zur inferenziellen Arbeit benutzt wird, kann der Lernende grammatikalische Constraints zum Verständnis des Inhalts nutzbar machen und so seine Aufmerksamkeit auf die Form der Sprache lenken. Inhalt und Form stellen dabei ein Kontinuum dar. Die selektive Thematisierung von Formfaktoren, die ja alle hoch rekurrent in den Texten aufscheinen, ist in keiner Weise vorherbestimmt oder auch nur vorhersehbar. Solche Momente selbstgesteuerter Erfahrung sind besonders gut geeignet, Sprachaufmerksamkeit systematisch zu aktivieren und zu schulen.

Alle Beispiele stammen aus realen Unterrichtssituationen mit Universitätsstudentinnen, die Deutsch im Hauptfach studieren.

Studentinnen des ersten Studienjahres sollten Ende 1999 einen Artikel von Maria Latella aus dem *Corriere della Sera* des Jahres 1994 lesen und auf Italienisch zusammenfassen. Mit den vielfältigen Anspielungen auf die Studentenbewegung in Mailand und auf die Protagonisten der ersten Phase der „Mani-pulite"-Untersuchungen bietet der Text eine Fülle unbekannter Inhalte, die sich dem spontanen Verständnis jugendlicher Leser von heute verschließen. Die Situation ist also ähnlich der Situation von fremdsprachigen Lesern, denen der kulturelle Hintergrund eines Textes nicht vertraut ist, und die sich mit Hilfe inferenzieller Aktivitäten zurechtzufinden versuchen.

Beim inferenziellen Training konzentrieren sich die Studenten in einer ersten Annäherung auf Titel, Untertitel, Fotos mit Unterschriften und auf markante Textstellen. Schon der Titel verlangt nach genauer Berücksichtigung der kontextuellen (Untertitel) und grammatikalischen Einschränkungen.

Storia di Sergio, avventuriero della "Statale"

Dal movimento studentesco all'amicizia con il "Delfino", tutte le tappe di una carriera speciale

Studenten außerhalb von Mailand kennen die Bedeutung von „Statale" nicht, und von den 250 Studenten des Kurses kannte kein einziger die metaphorische Verwendung von „Delfino". Die latente Unsicherheit beim ersten Kontakt mit dem Text lässt sich auch beim lauten Lesen erkennen - mit fallender Intonation nach „Sergio" und weiteren Signalen dafür, dass Titel und Untertitel eigentlich unverstanden geblieben sind. Dieser erste Eindruck wird in der nachfolgenden gesteuerten Arbeitsphase bestätigt.

Eine Studentin des ersten Jahres hatte in ihrer italienischen Zusammenfassung des Textes „Statale" als Namen eines Mailänder Cafés gedeutet. Das italienische Substantiv „bar" ist aber ein Maskulinum, *il bar*, und verlangt daher auch beim bloßen Nennen des Namens einer solchen Gaststätte den Artikel im Maskulinum, also: „Ci troviamo *al* Roxy!" und nicht „Ci troviamo *alla* Roxy!", wie man in Analogie zur Deutung der Studentin annehmen müsste. Dieses jedem muttersprachlichen Sprecher des Italienischen verfügbare Wissen wird von der Studentin nicht eingesetzt, ja, es steht auch bei spezieller Befragung weder als deklaratives noch als prozedurales Wissen zur Verfügung. Die Aufgabe bestand darin, einen italienischen Satz in Analogie zum eben zitieren Satz, „ci vediamo a _______" mit dem Namen eines Cafés zu bilden. Die Studentin begriff einfach nicht, dass die Form „della" mit dem Artikel im Femininum den Bezug zu „bar" unmöglich machte.

Was hier deutlich greifbar zu Tage tritt, ist ein Defizit in der Verknüpfung von inhaltlichen Elementen und der Grammatik. Implizit ergibt sich daraus, dass ein effizienter Umgang mit diesen beiden

Aspekten der Sprache der Sprachkompetenz, ja auch der Lernkompetenz des Lernenden zugute kommen müsste.

Das Verhalten der Studentin lässt auch sehr deutlich die interne Abfolge der Sprachverarbeitung erkennen: Der Schritt zur produktiven Verwendung der Einschränkungen der Bedeutung durch grammatikalische Constraints war der Studentin nicht möglich, weil sie das Wort „Statale" nicht verstanden hatte. Die inferenzielle Erschließung der Bedeutung geht also der inferenziell gewonnenen Einschränkung des Bedeutungspotentials durch die Grammatik voraus.

Was geschieht beim Nichtverstehen eines exponiert dargebotenen Wortes wie in diesem Fall, wo das Wort im Titel des Artikels erscheint? Wie das Verhalten der Studentin zeigt und wie jeder aus der eigenen Erfahrung weiß, geschieht meistens nichts. Der Leser überliest das unbekannte Wort einfach und vergisst es, oder er wartet auf weitere Informationen, die über die Bedeutung des Wortes Auskunft geben können. Das war in diesem Fall die Nominalgruppe „al bar della Statale" aus dem Originaltext, die jedoch so oberflächlich gelesen wurde, dass daraus ein „al bar Statale" wurde. Wiederum wurde ein eindeutiges grammatikalisches Signal missachtet und ein Textsinn rekonstruiert, der zu den grammatikalischen Signalen in Widerspruch stand. Und das geschah bei einer schriftlichen Arbeit, die den Studenten als freiwillig zu leistende Hausarbeit aufgegeben war.

Dieses Beispiel zeigt sehr schön die zwei Aspekte des Problems. Erstens erscheint deutlich die Verbindung von Inhalt und (grammatikalischer) Form. Die offenbare Verbindung legt nahe, den Schritt vom Inhalt zur Form aber auch umgekehrt, von der Form zum Inhalt, zu gehen, um sich der Verhältnisse zu vergewissern. Vielen unserer Studenten ist diese Erfahrung selbst in der Muttersprache ganz unvertraut. Wie sollten sie also daran denken, an irgendetwas zu denken, wenn sie eine fremde Sprache lernen? Sie wissen ja schon genau, was sie wollen. Sie wollen „nur die Sprache lernen".

Bei expliziter Befragung erhält man das Ergebnis schulmäßiger Inferenzen in der Muttersprache: „Mit Delfino dürfte eine andere Person gemeint sein...". Durch Sichtbarmachen der inferenziellen Tätigkeit wird das Niveau des sprachlichen Kontaktes beim Lesen offenbar. Nach ein, zwei Proben weiß man genug, die Ergebnisse variieren kaum. Als Herausforderung, auf das „Fremde" des Textes zu antworten, bringen die spontanen Inferenzen in der Muttersprache ganz und gar unbefriedigende Ergebnisse.

Wie die Blockade, bzw. das nur mit großer Mühe erreichbare Umdenken nach einem falschen Ansatz immer wieder zeigen, ist es notwendig, die inferenzielle Tätigkeit von allem Anfang an in den kommunikativen Akt einzubringen. Die Inferenzen gehören nicht zur Korrektur *nach* dem Akt des Missverstehens, sondern zu einer Folge von Spontanrevisionen *im* Moment des kommunikativen Aktes. Der inferenzielle Beitrag gestattet kontinuierliches Anpassen des Verstehens an die jeweils neu hinzugewonnene Information.

Schweizer wissen, dass Kurse nicht genügen

„Wer selbst lernen kann, wird gewinnen“

„Nicht genügen“ wird – besonders aus der Sicht von Schülern und Studenten im Hörsaal – als Äquivalent zu „ungenügend“ verstanden, also als Bewertung der Qualität der Kurse. Um den Titel spontan zu verstehen, müsste der Begriff „Weiterbildung“ bereits im Horizont des Lesers vorhanden sein oder sofort nach dem „selbst“ des Untertitels aufgerufen werden. Das italienische Äquivalent zu „Weiterbildung“ ist „formazione permanente“. Von 150 Studenten im Hörsaal war niemandem dieser Fachausdruck vertraut.

Je weniger Sprachkultur und je weniger Weltwissen die Lernenden haben, desto unüberlegter greifen sie zur Methode des wörtlichen Übersetzens. Inferenzielle Prozesse bewusst als Strategien einzusetzen verlangt emanzipierte und „raffinierte“ Lerner (in dem Sinn, in dem Nietzsche von raffinierten Lesern und Zuhörern spricht). Je stärker das Gefühl der Inadäquatheit des Lerners ist, desto größer ist auch die Versuchung, mit Hilfe der Brutal-Übersetzungs-Methode über die Runden zu kommen.

Es gibt keinen leicht begehbaren Ausweg aus dieser Situation, aber es gibt einen Weg, den die Schüler gehen *können*. Sie können sich auf das Wenige konzentrieren, das sie verstehen, und sie können lernen, ihre Akte des Verstehens beim Lernen an die Praxis des Verstehens in den normalen Alltagssituationen anzupassen. Solche Momente der selbstgesteuerten Sprachaufmerksamkeit sind auch schwachen Studenten nach einer behutsamen Einführung zugänglich.

Die Studentin, die gerade den Titel und den Untertitel ins Italienische übersetzt hat, *Gli svizzeri sanno che i corsi sono insufficienti. 'Chi riesce a studiare da solo, sarà un vincitore'*, war durchaus imstande, die Unterschiede der Konnotationen zu erkennen. Natürlich muss man sie irgendwann darauf aufmerksam machen, überhaupt auf solche Unterschiede zu achten. Aber auf die Frage nach den positiven, bzw. negativen Konnotationen der italienischen Sätze kommt nicht nur die richtige Antwort, sondern auch die selbstgestellte Frage nach der Kohärenz von Titel und Zitat im Untertitel. Dass ein stark negativ konnotierter Satz mit einem positiv konnotierten Zitat gemeinsam im Titel eines Textes aufscheint, schien der Studentin unwahrscheinlich, und spontan veränderte sie ihre Übersetzung zu „i corsi non sono sufficienti, non bastano...".

Mit einem Minimum an Schulung können die Lernenden also auf den Weg zur Selbstständigkeit geführt werden und der Kontakt mit einer großen Zahl von Texten gibt ihnen Vertrauen und Sicherheit. Natürlich werden im vorbereiteten Korpus Texte bevorzugt, die (relativ) leicht erkennbare Verständnishilfen im Kontext aufweisen.

Ad-hoc-Komposita werden in authentischen Texten oft mit Hilfe von Paraphrasen erklärt, so dass sich gerade diese „schwierige" Struktur besonders gut als Ausgangspunkt für inferenziell gesteuertes autonomes Lernen eignet:

Arbeitsplatzmaschine USA

Amerikanische Wirtschaft produziert seit Jahren Millionen neuer Jobs

Das Verstehen des Titels ist ein komplexer Vorgang, der auf folgende Weise schematisch rekonstruiert werden kann:

Aussage	*Bestätigung*
Die USA sind eine Maschine	die Maschine produziert
Die Maschine produziert Arbeitsplätze	Millionen neuer Jobs.

Die Wörter, wie sie in linearer Abfolge wahrgenommen werden, garantieren nicht das Verstehen und fungieren auch nicht als „fertige" Bausteine des Sprechaktes. Kontextuelle Constraints bewirken eine Präzisierung der jeweiligen Wortbedeutung und ermöglichen zugleich die Metaphorisierungsprozesse, an denen die Alltagssprache so reich ist.

Der Spielraum bei der inferenziellen Aktivität bei der Sprachverarbeitung geht also von der konnotativen Ebene der Semantik bis zu morphologisch fixierten Formen der Syntax. Aufmerksamkeit für die Form ist dabei nicht getrennt von der Aufmerksamkeit für feinste Nuancen des Inhalts. Alles Grobschlächtige, das „bloße Verstehen-Wollen“ und wörtliche Übersetzen stellt dazu den Gegenpol dar.

Textkompetenz in Erst- und Zweitsprache

Sprachkompetenz wird mündlich und schriftlich mit Hilfe von „Textkompetenz“ in Handlung umgesetzt. Bezugspunkt für jede Art der Analyse von sprachlichen Leistungen sind also die von den Lernenden hervorgebrachten *Texte*, das heißt, Äußerungen in bestimmten Situationen. Da Sprach- und Textkompetenz sich auf unvorhersehbare Weise gegenseitig beeinflussen können, ist jeder „Fall“ von Erfolg oder Misserfolg bei der Textproduktion in der Zweitsprache auch ein Mosaikstein für die Erforschung der Regelmäßigkeiten beim Spracherwerb.

Oberitalienische Studenten des Hauptfaches Deutsch, darunter viele mit drei Jahren Schulunterricht in Deutsch, erhielten in der Mitte ihres dritten Studienjahres an der Universität die Aufgabe, aktuelle Texte zusammenzufassen, darunter einen kurzen Text der APA (Austrian Presse Agentur) über die Internetpräsenz des Vatikans.

APA Info-Highway

Papst geht ins Internet

Papst Johannes Paul II. will künftig das Internet auch in den Dienst der katholischen Kirche stellen. Ab Ostersonntag wird der Vatikan alle wichtigen Dokumente und Erklärungen „online“ veröffentlichen. Den Auftakt bilden der Ostersegen und die Glückwünsche des Papstes, die Johannes Paul traditionell in rund 50 Sprachen an die Welt richtet. „Der Heilige Stuhl will allen Gläubigen in einem persönlichen Dialog noch näher sein“, sagte der Chef der päpstlichen Internet-Kommission, Claudio Maria Celli, am Montag.

Zunächst kann man weltweit in sechs Sprachen mitlesen: Englisch, Französisch, Italienisch, Spanisch, Portugiesisch und Deutsch. Später sollen Chinesisch und Arabisch als weitere Sprachen dazukommen. Außerdem sollen Kunstschätze aus dem Vatikan optisch und Berichte von Radio Vatikan akustisch übermittelt werden. „Es ist ei-

ne Fortsetzung der Pastoralreisen", sagte Celli. „Der Papst reist jetzt im Internet". Die Adresse ist: http//www.vatican.va .
Copyright APA 1996

Die „schülerhaften" deutschen Textumformungen geben ein eindrucksvolles Bild des Sprachverhaltens vieler italienischer Lernender. Ganz offensichtlich ist die mangelnde Kohärenz der meisten Texte und die Unbeholfenheit im Ausdruck. Auffallend ist auch die Unfähigkeit der Lernenden, den Komplexitätsgrad der sprachlichen Strukturen zu reduzieren.

Alle Studenten waren mit dem Internet vertraut und die meisten kannten die traditionelle Osterbotschaft des Papstes aus dem Fernsehen. Nach durchschnittlich fünf Jahren Studium der deutschen Sprache schrieben sie folgende Texte:

> „Der Papst reist jetzt im Internet, weil alle seine Glückwünsche und Dokumente des Vatikans ‚online' veröffentlicht. Am Anfang konnte man nur in sechs Sprachen mitlesen. Später sind weitere Sprachen auch optischen und akustischen Berichte dazugekommen."

> „Erstmal, dass die Katholische Kirche das Internet benutzt hat, war es am Ostern letzten Jahr, damit die Segen des Papstes die ganze Welt gerichtete wurde. Die Segen konnte man in den sechs bekannten Sprachen mitlesen."

> „Der Vatikan hat einem Platz in Internet gestellt um seine Dokumente zu veröffentlichen. Nämlich hat der Papst ein Gespräch gemacht und es würde in verschiedene Sprachen übersetzt."

> „Alle können heute die wichtige Dokumente und Fragmente des Vatikans in Internet lesen und die Kunstschätze beobachten. Es ist auch möglich, einen persönlichen Dialog haben in 6 Sprachen."

Diese Texte sind symptomatisch für die durchschnittlichen Leistungen einer großen Zahl von Lernenden an den oberitalienischen Universitäten nach drei bis fünf Jahren Deutschunterricht in der Schule und an der Universität.

Die Arbeiten, die ohne Prüfungsdruck als freiwillige Hausarbeiten entstanden sind, hinterlassen den globalen Eindruck, dass hier mit verhältnismäßig großem Aufwand an grammatikalischer Kompetenz recht unbefriedigende Ergebnisse erzielt werden. In vielen Texten fehlt selbst das elementarste Verständnis der kommunikativen Akte, die den Vatikan mit seinen Ansprechpartnern verbinden, und die Texte selbst legen Zeugnis ab von mangelhafter Umsetzung der eigenen kommunikativen Intentionen.

Werden derartige Aufgaben als Prüfungsaufgaben gestellt, so wird die Trennung von Sprach- und Textkompetenz noch gravierender. Studenten, die fünf Jahre Deutschunterricht an der Schule hatten plus ein Jahr an der Universität mit 200 Stunden Unterricht, schreiben oft umfangreiche Texte mit hohem Redundanzgrad. Vielleicht fühlen sie sich besonders herausgefordert, da sie zusammen mit Kommilitonen antreten, die das Deutschstudium an der Universität bei null begonnen haben. Allen Textbeispielen, die ich im Folgenden zitieren werde, sind erstaunlich viele sinnstörende Entstellungen und die hohe Frequenz grammatikalischer Fehler gemeinsam, die sicher kein getreues Abbild der „Grammatikkenntnisse" dieser Lernenden darstellen. Sie geben wohl eher Zeugnis von einem kognitiven „Bruch" zwischen den latenten Fähigkeiten der Lernenden und ihren Leistungen.

Die Angaben in Klammern geben die Jahre an Deutschunterricht in der Schule plus die Jahre an der Universität an. Die seltenen „M" stehen für männliche Lernende.

> (F, 5+1) „Papst geht ins Internet. Ab Ostersonntag 1996 kann man mit dieser Adresse Informationen über die katholische Kirche im Internet finden. Die neue Seite enthält alle wichtigen Dokumente und Erklärungen, die ‚online' veröffentlichen geworden sind.
> Man kann sie in 6 verschiedene Sprachen mitlesen: Englisch, Französisch, Italienisch, Spanisch, Portugiesisch und Deutsch aber Chinesisch und Arabisch werden in Zukunft zur Verfügung den Leute stellen. Diese neue Idee war eine Fortsetzung der Pastoralreisen, um die Gläubigen zufrieden zu machen."

> (F, 5+1) „Papst geht ins Internet. Seit 1996 hat die katholische Kirche einen neuen Dienst angeboten, es geht um ein eigenes Website

auf das Internet. Der Papst richtet in dieser Weise seine traditionelle Glückwünsche und alle Mitteilungen, die in rund 50 Sprachen übergesetzt werden. Durch diesen technologischen Informationsmittel haben die Kirche und die Gläubigen eine nähere Beziehung. Auf das Internet können die Gläubigen auch Kunstschätze aus dem Vatikan und Berichte von Radio Vatikan finden."

Rückübersetzung als Weg zur Sprachbewusstheit

Die Lernenden erklären auf Befragung ohne Scheu, dass sie die Texte aus dem Italienischen übersetzt haben. Die schlechten Leistungen im Deutschen könnten also auf zwei Quellen zurückzuführen sein, erstens darauf, dass die Zusammenfassung überhaupt als Übersetzung ausgeführt wird und nicht einfach als Schreibprojekt, und zweitens könnten sprachliche Mängel der italienischen Vorlagen beim Verfassen der deutschen Texte eine bisher unerkannte Rolle spielen.

Die von den Studierenden benutzten Vorlagen in der Muttersprache bestehen nämlich, wie sich rasch zeigt, aus isolierten Sätzen und stellen nicht italienische „Texte" dar. Die Entfremdung beim Schreiben isolierter Sätze kann dabei so weit gehen, dass schon im Italienischen völlig sprachfremde Konstruktionen produziert werden. Im Moment der Reflexion, die durch eine rasch verfertigte Rückübersetzung des deutschen Textes ins Italienische stimuliert werden kann, erkennen die Lernenden selbst das Ungeheuerliche dieser Situation.

Der so offenkundigen Nichtverwertbarkeit der gelernten „Grammatik" bei den „schlechten" Lernenden steht bei den guten schriftlichen Arbeiten eine Art Optimierung der Ressourcen entgegen. Mit einem Minimum an Kenntnissen wird ein Maximum an brauchbarem Text produziert.

Es ist nicht entscheidend herauszufinden, ob es sich dabei um besonders „begabte" Lernende handelt, während die anderen Lernenden desselben Jahrgangs zum Durchschnitt oder zu den Unbegabten gehören. Es geht vielmehr darum, am Extremfall der guten wie der schlechten Lernenden typische Vorgehensweisen beider Typen zu eruieren, um auf diese Weise die pertinenten Eigenschaften erfolgreicher Sprachenlerner zu finden.

Ist es möglich, dass zwischen guter Textkompetenz und dem Fehlen rein mechanisch entstandener Grammatikfehler ein Zusammenhang besteht? Kann es sein, dass die „kreative Energie", die ihr Ziel im Text findet, dazu führt, dass die unzähligen Grammatikfehler, die in den „schlechten" Arbeiten vorkommen, gar nicht erst entstehen? Ist eine Analogie denkbar zur Situation der mündlichen Sprachkompetenz, wo die prosodisch korrekten Sprechakte automatisch die Lautproduktion auf der segmentalen Ebene verbessern? Viele schriftliche Arbeiten dieser Lernenden am Ende des ersten Studienjahres zeigen genau diese Verknüpfung der Merkmale, so dass der Schluss nahe liegt, dass eine enge Verbindung besteht zwischen qualitativ hochwertiger Textkomposition im Italienischen und überdurchschnittlich guter Grammatikleistung im Deutschen.

Die besondere Begabung der erfolgreichen Lernenden könnte also einfach darin bestehen, dass sie bei ihren Sprechhandlungen *Texte* produzieren, während andere Lernende nicht über die Satzebene hinaus kommen.

Eine 20-jährige Studierende schrieb nach vier Jahren Deutschunterricht, davon drei an der Schule, den folgenden, eher unauffälligen Text über den Papst im Internet, anschließend die rasch verfasste Rückübersetzung:

> (F, 3+1) „Papst geht ins Internet
> Wir können mit dem Papst Johannes Paul II. durch Internet sprechen. Der Papst begann im Internet am Ostersonntag mit der Segen und den Glückwünschen zu reisen. Die Adresse des Heiligen Stuhles ist ‚http://www.vatican.va' und wir können hier die wichtigen Dokumente und Erklärungen finden.
> So können wir jetzt direkt mit dem Papst in 6 Sprachen sprechen und die Kunstschätze des Vatikan sehen."
>
> "È possibile per noi parlare con il Papa attraverso Internet. Il Papa ha iniziato a viaggiare in Internet il giorno di Pasqua con la benedizione e gli auguri. L'indirizzo della Santa Sede è 'http://www.vatican.va' e possiamo trovare in esso i documenti importanti e i chiarimenti.

> È possibile perciò per noi ora parlare direttamente con il Papa in 6 lingue e vedere i tesori del Vaticano."

Dass wir mit dem Papst nicht „durch Internet sprechen", und schon gar nicht „direkt in sechs Sprachen sprechen", gehört zum Erfahrungshorizont auch der unbedarftesten Studenten. Beim Lesen der Rückübersetzung wurde das der Studentin selbst schlagartig bewusst und dieses Aha-Erlebnis führte zum spontanen Kommentar: „Das kann ich besser machen. Das ist nicht mein Niveau!"

Von den „Grammatikfehlern" in ihrem deutschen Text war dabei überhaupt nicht die Rede. Sie erhielt die Aufgabe, einen neuen Text sowohl auf Deutsch als auch auf Italienisch zusammenzufassen und den italienischen Text so unabhängig wie möglich von der Vorlage und von der deutschen Zusammenfassung zu gestalten.

Am folgenden Tag brachte sie diese außergewöhnlich guten Texte, deren Qualität dem Aha-Erlebnis und der dadurch bewirkten *Sprachaufmerksamkeit auf beide Sprachen* zu verdanken ist.

> "Kaugummi-Kauen macht intelligent
> Recenti studi medici hanno dimostrato che il movimento favorisce le capacità di apprendimento degli studenti. Quindi anche masticare chewing-gum è molto produttivo e non dovrebbe essere vietato dai genitori e insegnanti."

> „Die Bewegung übt einen positiven Einfluss auf das Lernvermögen der Schüler aus. Das ist das Resultat der Forschungen des Medizinpsychologen Siegfried Lehrl, der mit einem Ergometer die Hirnfunktionen einer Gruppe von Personen analysiert hat. Seine Entdeckung ist, dass in Bewegung das Denkfähigkeit höher als in Ruhe ist. So ist auch Kaugummikauen sehr produktiv, weil es das Gehirn fördert und weil es nicht ermüdet."

Die neue Haltung zum Schreiben zeigt sich in der Unabhängigkeit des deutschen Textes vom italienischen. Die Aufgabenstellung betonte das autonome Schreiben in den beiden Sprachen und „verbot" explizit das Übersetzen in die eine oder in die andere Richtung. Diese Lernende hielt sich offensichtlich nicht bloß an das Verbot, sondern sie schrieb spontan zwei von Grund auf unterschiedliche Texte. Vom deutschen Text gibt es keine Brücke zum Italienischen und umgekehrt. Beide Texte der Lernenden sind gut komponierte *Texte* in der jeweiligen Sprache.

Eine wichtige Voraussetzung für diesen Erfolg liegt vielleicht im Ausgangstext selbst, der wegen seines ansprechenden Inhalts kreative Umformungen geradezu herausfordert:

APA Science Week

Kaugummi-Kauen macht intelligent

Kaugummikauen im Unterricht fördert nach neuesten medizinischen Erkenntnissen das Lernvermögen der Schüler. „Lehrer und Eltern müssen umdenken“, sagte der Erlanger Medizinpsychologe Siegfried Lehrl. Das Kauverbot in den Klassenzimmern ist kontraproduktiv.

Lehrl, der der Deutschen Gesellschaft für Gehirntraining vorsteht, hat den Einfluß von Bewegung auf das Denkvermögen untersucht. Auf einem Fahrrad-Ergometer wurden bei 80 Personen die Hirnfunktionen gemessen: zunächst in Ruhe, dann bei entspannter Bewegung, beim Strampeln bis an die Grenze der Leistungsfähigkeit und danach wieder in Ruhe. Zusätzlich mußten sie Gedächtnis- und Denksportaufgaben lösen. „Dabei zeigte sich, daß die Probanden in den beiden mittleren Testphasen geistig weitaus fitter waren als in der Ruhephase vorher und nachher.“

„Insgesamt liegt das Denkvermögen in Bewegung um 20 Prozent höher als in Ruhe“, sagte Lehrl. Bereits nach einer Zehntelsekunde in Bewegung wird das Gehirn angeregt, schon nach einer Minute Ruhe lässt es wieder nach. Die Intensität der Bewegung hat keinen Einfluß auf die Wirkung, wohl aber die Körperregion: „Am intensivsten wirkt sich Bewegung im Kiefer- und Kehlkopfbereich aus“, sagt Lehrl. Das hängt vermutlich damit zusammen, daß im Gehirn Sprechen und Denken in enger Beziehung stehen.

Ein weiterer Vorteil des Kaugummikauens liege darin, daß man dabei im Gegensatz zum Joggen oder Fahrradfahren nicht ermüdet.

Die Schwelle zur Sprachbewusstheit

Diese plötzlichen Verbesserungen müssen wir uns etwas näher ansehen. Wir sprechen oft von den „false beginners“, von den „falschen Anfängern“, die nach Jahren des Lernens die Schwelle zur Selbstständigkeit und zur aktiven Kompetenz noch immer nicht überschritten haben und sich in jeder Beziehung als Anfänger anstellen und auch Anfängerkurse besuchen.

Aus der Sicht der Lernenden sollte man sie eigentlich als „falsche Fortgeschrittene“ bezeichnen. Trotz jahrelangen Bemühens um die Sprache sind sie auf keinen grünen Zweig gekommen. Obwohl sie eigentlich schon lange „Fortgeschrittene“ sein sollten, sie sind es doch nicht. Unsere Universitäten sind voll von solchen Lernenden.

Für viele dieser Lernenden gibt es eine Möglichkeit zur Umkehr, die sich nun bereits seit mehreren Jahren bewährt hat. Dabei geht es darum, Sprachbewusstheit herzustellen, wo keine vorhanden ist, und auf dieser Basis einen Neuanfang zu stimulieren. Entscheidend ist, dass der Lehrende keine konkreten „Verbesserungen“ an den schlechten Texten seiner Schüler vornimmt. Er analysiert und kritisiert ausschließlich die Textorganisation der italienischen Arbeiten. Die deutschen Texte mit ihrer Fülle von Grammatikfehlern haben in dieser Phase die Kontrollfunktion, den Zusammenhang zwischen schlechter Textstruktur im Italienischen und schlechter Grammatikkompetenz im Deutschen zu belegen.

Von diesen Voraussetzungen her ist die schlagartig erreichte Verbesserung der deutschen Texte plausibel, die „von innen“ heraus, ohne jeden sprachliche Details korrigierenden Beitrag des Lehrenden, von den Lernenden erreicht wird.

Im täglichen Umgang mit dieser Methode des autonom gesteuerten Neubeginns vieler „falscher Fortgeschrittener“ hat sich die Realität der „kontingenten“ Grammatikfehler herauskristallisiert. Mit „kontingent“ meine ich dabei die Ambivalenz von „zufällig“ und „notwendig“, die dieser Begriff in der Fachsprache auszudrücken vermag. Von der Kompetenz der Lernenden aus betrachtet, ist das Auftauchen von unerklärlichen Fehlern (die Lernenden „können“ ja die Grammatikregel!) ein zufälliges Ereignis. Dieser Zufall ist aber Teil einer notwendigen Gesamterscheinung, da er mit dem Merkmal der schlechten Textkompetenz im

Italienischen korreliert. Wird der korrelierende Faktor eliminiert, dann verschwinden die kontingenten Phänomene auf dem Gebiet der Deutschkompetenz. Mit anderen Worten: Erreichen wir eine radikale Verbesserung der italienischen Textkompetenz, die ihrerseits Ausdruck erhöhter Sprachbewusstheit ist, dann werden auch die deutschen Texte besser „versprachlicht" – und unter diesen Rahmenbedingungen verschwinden automatisch viele der kontingenten Grammatikfehler.

Nachzutragen ist noch, dass die kontingenten Grammatikfehler von den Lernenden selbst bei genauer Kontrolle der eigenen Elaborate nicht erkannt werden. Sie sind in hohem Maß korrekturresistent.

Hier ein Beispiel einer freiwillig geleisteten italienischen und deutschen Textumformung nach sechs Jahren Deutschunterricht. Die Unzulänglichkeiten des italienischen Textes wurden den Lernenden – auch der Verfasserin des Textes – beim bloßen Lesen schlagartig bewusst:

> F (3, 3) "Anche il Vaticano sarà presto su Internet dove saranno consultabili moltissimi documenti e si potranno trovare importanti spiegazioni. Secondo il capo della commissione vaticana per Internet questo è un grosso passo avanti che permetterà un contatto più ravvicinato con i fedeli. Per ora il sito è consultabile solo in alcune lingue, ma presto altre saranno attivate."

> „Bald wird der Papst durch Internet sprechen. Ab Ostersonntag werden einige Dokumenten und Erklärungen durch Internet erreichbar sein. Nach dem Chef der päpstlichen Internet-Kommission ist diese Neuigkeit eine wichtige entwicklung der Pastoral, die einen näher Kontackt mit den Gläubigen möglich machen wird."

Diese negativ bewertete Arbeit wird als Erkenntnismoment genutzt und nicht im Einzelnen korrigiert. Es geht darum, die Basis der Kompetenz zu erweitern, und nicht darum, zu lernen, die zufällig auftretenden Fehler zu vermeiden. Nach der Analyse einiger italienischer Texte, darunter auch ihres eigenen, bei der ausschließlich die Textualität besprochen wurde und alle Grammatikfehler in den deutschen Texten unbeachtet blieben, schrieb die Studentin die folgenden Texte über Kaugummikauen und Intelligenz.

F (3, 3 *wie oben, 20 Minuten nach der oben wiedergegebenen Arbeit*).

"L'attività cerebrale aumenta del 20 % quando il corpo è in movimento; in particolare quando a muoversi sono le zone normalmente utilizzate per parlare.

Masticare il chewing-gum a scuola potrebbe quindi essere utile per facilitare l'apprendimento."

„Bewegung und Denkvermögen sind stark verbunden. Vor allem kann die Aktivität von Kiefer und Kehlkopf nützlich sein um Lernvermögen zu erweitern. Aus diesem Grund sollen die Lehrer an Kaugummi-Kauen als positiv denken."

Der Qualitätssprung, der diese beiden Leistungen trennt, kann nicht hoch genug eingeschätzt werden. Er ist das Signal für einen Neubeginn, der auch von der Lernenden selbst als großer Einschnitt in ihrem Lernen erlebt wurde. Vom passiven, schulmäßigen Erfüllen einer ungeliebten Aufgabe hat sie sich völlig gelöst und hat durch radikale Beschränkung der ihr vorliegenden Inhalte und durch geschickten Einsatz stilistischer Mittel in ihrer Muttersprache einen Text verfasst, der sich von allem unterscheidet, was sie bis dahin *scholae* geschrieben hatte.

Wie aus der stilistischen Unsicherheit des „masticare il chewing-gum" an Stelle der idiomatisch korrekten Form ohne Artikel ersichtlich ist, handelt es sich wohl um eine durchschnittliche Studentin, der es hier gelungen ist, zum Kern ihrer Kompetenz vorzudringen.

Fossilisierungen überwinden

Der entscheidende Faktor, der zu einem großen Leistungsschub geführt hat, ist die Textkompetenz in den beiden Sprachen. Die vorhandene Sprachkompetenz der Lernenden hat sich ja nicht verändert. Die beiden Texte, der schlechte und der gute, wurden innerhalb weniger Stunden in der vorlesungsfreien Zeit geschrieben, und zwischen den einzelnen Arbeitsschritten lagen keine weiteren Lern- oder Übungsphasen. Zwischen dem ersten und dem zweiten Text erhielt die Studentin individuelle Betreuung in einem „Korrekturgespräch" von ungefähr

10 Minuten Dauer. Ihre Reaktion nach erfolgter Erkenntnis der Schwächen des eigenen italienischen Textes war spontan und autonom, ebenso der Entschluss, einen neuen Versuch zu machen und diesmal einen *Text* zu schreiben.

Ich glaube, dass dieser Fall die verschiedenen Aspekte von Erfolg und Misserfolg beim Spracherwerb sehr genau erkennen lässt. Wir sehen sehr deutlich den Einfluss einer emotionell gesteuerten „Energie", die sich als Arbeit konkretisiert.

Der Qualitätssprung ohne zusätzliches „Lernen", der anscheinend durch den „Schock" der Sprachaufmerksamkeit erreicht wurde, ist in vielen Fällen eingetreten und kann empirisch ohne großen Aufwand in anderen Lernsituationen überprüft werden. Es ist damit nachgewiesen, dass gute Textkompetenz eine Fülle von Syntax- und Morphologiefehlern eliminiert, die bei schlecht geschriebenen „Texten" – d. h., bei Einzelsätzen ohne kohärente Textstruktur – stark gehäuft auftauchen und sich auch beim Wiederlesen als unkorrigierbar erweisen.

Fossilisierte Sprachkompetenz, wie sie häufig als Ergebnis von jahrelangem Schulunterricht entsteht, kann grundlegend positiv verändert werden. Voraussetzung für eine erfolgreiche selbstgesteuerte „Umschulung" der Lernenden ist die muttersprachliche Textkompetenz, die durch genaue Instruktionen oder spontan durch das Aha-Erlebnis beim Lesen der Rückübersetzung aktiviert wird.

Von diesen Voraussetzungen ausgehend, setzen wir im Unterricht bereits im ersten Jahr komplexe deutsche Texte ein, die ohne Wörterbuch inferenziell erschlossen und – in der besten erreichbaren Form – auf Italienisch zusammengefasst werden sollen. Auf Italienisch soll eine Zusammenfassung in einigen wenigen Sätzen realisiert werden, die zur drastischen Auswahl der in der Textvorlage behandelten Einzelthemen zwingt. Die darauf folgende Phase der Textumformung der deutschen Vorlage hat bei Anfängern auch die Funktion, rekurrente Grammatikmuster erfahrbar zu machen und syntaktische Funktionen im Moment der Umwandlung transparent werden zu lassen.

Die Erfahrungen mit dieser Form von Textarbeit haben dazu geführt, dass wir immer komplexere und längere Texte in den Unterricht einführen und auch zwei oder mehrere verwandte Texte vorlegen, aus denen ein neuer deutscher Text komponiert wird. Die Texte werden mit Hinweisen zu Links zu weiteren deutschen oder englischen Quellen versehen, um von diesen ersten Schritten autonomen Schreibens den Weg zu weisen zu umfassenderen und komplexeren Schreibprojekten in der Erst-, der Zweit- und der Drittsprache. Hier ein Beispiel:

APA Wissensmanagement für Fortgeschrittene
Science Week

Leise Frau mit lautem Schrei

Sie ist eine durch und durch ruhige Frau. Sie hält einen ganzen Tag lang durch, ohne etwas zu essen. Sie schweigt gern. Sie bewegt sich seltsam - „ohne sich zu bewegen", wie eine Beobachterin schrieb. Das alles hat sie in vier Jahrzehnten im afrikanischen Urwald gelernt. Und auch das: Den markerschütternden kehligen Schrei, mit dem Schimpansen untereinander Kontakt halten und mit dem sie sich bei ihren Vorträgen rund um den Globus gerne den überraschten Zuhörern vorstellt. Jane Goodall, die große Schimpansen-Forscherin, wird 65 Jahre alt.
1957 kam sie nach Afrika. Da war sie 23 Jahre alt, gelernte Sekretärin aus bürgerlichem Elternhaus und wie magisch von dem fremden Kontinent und dessen Tieren angezogen. In Tansania traf sie Louis Leakey, den großen Anthropologen, der gemeinsam mit seiner Frau Mary in der Olduvai-Schlucht den fossilen Überresten der frühen Menschen auf der Spur war.
Leakey stellte sie als Sekretärin an und erkannte ein großes Potential in der jungen Frau. Er wollte mehr über die Menschenaffen, die engsten Verwandten der frühen Menschen, wissen und beauftragte sie mit der Studie der Schimpansen. Frauen, meinte Leakey, könnten wohl geduldiger beobachten und kämen vielleicht besser mit Affen-Männchen aus als Männer.
Nur der weltberühmte Leakey konnte durchsetzen, was die wissenschaftliche Fachwelt für völlig verrückt hielt: Dass eine Sekretärin, ohne Studium und 26 Jahre alt, 1960 in den Urwald von Gombe am Tanganjika-See zog, um dort Schimpansen zu beobachten. Ihre Mutter Vanne, im englischen Seebad Bournemouth daheim, begleitete die Tochter, weil das als sicherer und schicklicher galt.
„Ich hätte den Schimpansen damals keine Namen geben sollen. Sie haben keine Persönlichkeit, nur Menschen haben eine Persönlich-

keit", mokierte sie sich später einmal. Ihr erster Beitrag für die wissenschaftliche Zeitschrift Nature wurde ihr zurückgeschickt – die Wörter „er" und „sie" säuberlich durchgestrichen und jeweils durch „es" ersetzt.

Kurzbeschreibung (www.amazon.de)

In dieser Autobiografie begegnet der Leser der berühmten Schimpansenforscherin Jane Goodall. Sie präsentiert sich hier als eine äußerst spirituelle Frau, die an die Weisheit und Kraft der Schöpfung glaubt und darin den Weg aus der Menschheitskrise sieht. Anders als viele Wissenschaftler sieht sie keinen Widerspruch zwischen ihrem Glauben an Gott, den Schöpfer, und der Evolutionstheorie. „Grund zur Hoffnung" ist gleichermaßen Essenz und Leitmotiv ihres Lebens.

Der Spiegel (13.09.1999/ Nr. 37, 233-234.)

Marathon für Schimpansen

Ein Vierteljahrhundert forschte sie im Urwald, seither wirbt sie weltweit für ihre Affen: Jane Goodall, Primatologin und Kultfigur, hat den Bericht ihres abenteuerlichen Lebens geschrieben.

„Jane, glauben Sie, es besteht noch Hoffnung?" Auf die häufigste Frage, die der Forscherin auf ihren Weltreisen gestellt wird, kann Jane Goodall, 65, schwerlich mit purem Optimismus antworten.

Als die Engländerin 1960 zum ersten Mal nach Tansania kam, um das Leben der Schimpansen zu erkunden, waren die Hänge am Tanganjika-See noch dicht bewaldet. Heute erstreckt sich dort baumlose Ödnis. Mit jedem Regen wird Erdboden in den See gespült, wo er als Schlick die Brutstätten der Fische unter sich begräbt. Von Raubbau und Abholzung ausgespart blieb nur der Gombe-Nationalpark, der auch zum Refugium für die einst weit verbreiteten Schimpansen wurde.

„Wir haben nicht mehr viel Zeit", warnt die jung gebliebene Frau mit dem grauen Pferdeschwanz. Deshalb jagt sie in schonungslosem Marathon von einem Vortrag und Fundraising-Dinner zum anderen. Überall sind die Säle ausverkauft: Längst ist Goodall, die

ihre Zuhörer mit dem wilden Crescendo des Schimpansenrufs begrüßt („Uaah, uaah, uah uhhhh"), zur internationalen Kultfigur geworden.
„Jeder Einzelne kann etwas bewirken": Ihre Botschaft ist einfach und für die Forscherin „Grund zur Hoffnung". So überschreibt Goodall ihre jetzt erschienene Autobiografie, die Geschichte einer einzigartigen Karriere: Das Mädchen von der Ärmelkanal-Küste, das sich mit 13 Jahren in Tarzan verliebte und immer schon mit Menschenaffen leben wollte, verwirklicht nach einigen Jahren als Kellnerin und Sekretärin seinen Traum und taucht 25 Jahre lang ins „grüne Dämmerdunkel" (Goodall) des afrikanischen Urwalds. Unstudiert und unerfahren, wird sie beste Kennerin und zugleich Gefährtin der Schimpansen - eine Nähe, die zuvor kein Primatologe erreichte. [...]

Aus diesen beiden Texten sollen die Lernenden eine Zusammenfassung herstellen, die mit der Methode der Rückübersetzung optimiert wird. In vielen Fällen beschränkt sich die intuitiv gewonnene Erkenntnis beim Lesen der Rückübersetzung einer ersten, negativ beurteilten, schriftlichen Arbeit, auf eine verbesserte Thema-Rhema-Gliederung des neuen Textes. Dieser Aspekt der Textualität allein bringt schon eine deutliche Verbesserung der sprachlichen Leistung auch auf der Satzebene wie bei Irene, einer süditalienischen Studentin, die drei Jahre Deutsch in der Schule und ein Jahr an der Universität gelernt hat. Sie schrieb nach der Analyse ihrer ersten Arbeit spontan einen zweiten Text:

(F, 3+1) *Der erste Text* Jane Goodall
Die berühmten Schimpansenforscherin Jane Goodall ist 65 Jahre alt. Wenn kam sie nach Afrika, war sie 23 Jahre alt, gelernte Sekretärin aus bürgerlichem Elternhaus und von dem Kontinent angezogen.
1960 kam sie zum ersten Mal nach Tansania, dort traf sie Louis Leakey, den großen Anthropologen. Er erkannte die Geschicklichkeiten der junger Frau und beauftragte sie mit der Studie der Schimpansen, obwohl war Jane Goodall eine unstudierte und unerfahrte Sekretärin und 26 Jahre alt. Leakey meinte daß Frauen besser mit Affen-Männchen aus als Männer kämen.

Jane Goodall hat die Geschichte ihres Lebens geschrieben. Sie beschreibt sich als eine spirituelle Frau, die keinen Gegensatz zwischen ihrem Glauben an Gott und Evolutionstheorie sieht.
Jane Goodall will das Lebens der Schimpansen schützen und auf ihrem Vortragen spricht sie über die „Grund zur Hoffnung", denn „jeder Einzelne kann etwas bewirken".

Der zweite Text Jane Goodall
Jane Goodall, 65 Jahre alt, ist eine berühmte Schimpansenforscherin.
1957 kam sie zum ersten Mal nach Afrika. Da war sie 23 Jahre alt und von dem fremden Kontinent und dessen Tieren angezogen.
In Tansania traf sie Louis Leakey, den großen Anthropologen, den sie mit der Studie der Schimpansen beauftragte. Frauen könnten besser Schimpansen als Männer beobachten, das meinte Leakey.
In ihrer Autobiographie beschreibt sie sich als eine spirituelle Frau, die keinen Gegensatz zwischen ihrem Glauben an Gott und der Evolutionstheorie sieht.
„Grund zur Hoffnung" ist Leitmotiv ihres Lebens, denn „jeder Einzelne kann etwas bewirken".

Sprachaufmerksamkeit entsteht hier als „Text-Aufmerksamkeit" und gestattet, wie Irenes zweite Arbeit deutlich zeigt, eine effiziente Nutzung der Vorlage, ohne in reines Kopieren abzugleiten. Der gut komponierte Text führt zu einer spontan erreichten Neuformung der einzelnen Sätze, die unbelastet von den zahlreichen kontingenten Grammatikfehlern sind, die die „schlechten" schriftlichen Arbeiten kennzeichnen. Der Grammatikfehler in Irenes Arbeit, der Akkusativ anstelle des Nominativs im Relativsatz, gehört zum festen Bestand der Interlanguage italienischer Lernender und taucht selbst bei fließender Beherrschung von Deutsch als Zweitsprache immer wieder auf.

Die zweite Arbeit ist also repräsentativ für Irenes Interlanguage zu diesem präzisen Zeitpunkt ihrer persönlichen Sprachlerngeschichte.

Was wir aber in der Schule und an der Universität meistens von den Lernenden zur Korrektur erhalten, sind schriftliche Arbeiten, *die weit unter dem aktuellen Niveau der Studenten liegen*. Und auf diesem viel zu niedrigen Niveau setzen dann die didaktischen Bemühungen der Lehrer an, mit endlosen Korrekturen der Grammatikfehler, die sich als unkorrigierbar erweisen.

Neben den Erfahrungen mit der bewussten Steuerung der Prosodie und dem singulären Lernprozess Chiaras beim Laufen haben wir hier einen weiteren Fall desselben Phänomens. Sprachaufmerksamkeit muss der umfassenderen, der Steuerungsebene, zugewandt werden, nicht den einzelnen sprachlichen Phänomenen auf der Ebene der Realisierung. Prosodische Einheiten und Texteinheiten sind die Ebenen, die bewusste Eingriffe und Veränderungen der Steuerung erlauben und verlangen. Bewusste Eingriffe auf der Steuerungsebene führen dabei zur automatischen Verbesserung der Leistung auf der Ebene der sprachlichen Realisierung.

Diese bewussten Eingriffe sind aber nichts anderes als die Verknüpfung des Sprechaktes mit der Erfahrung des Lernenden und den Erinnerungen an Erfahrungen mit Texten und mit Momenten von Sprachgebrauch in der Welt.

Sprachverarbeitung und Textkompetenz

Inmitten einer großen Zahl von durchschnittlichen und vielen ziemlich schlechten Arbeiten des ersten Studienjahres tauchte plötzlich eine Gruppe hervorragender Texte auf, ganz ungewohnt in der Freiheit der Form, der Rationalität des Umgangs mit den beschränkten sprachlichen Mitteln, ausgezeichnet durch offensichtliche Kreativität und Freude am Schreiben und am Gebrauch der gerade gelernten Sprache. Alle Studentinnen hatten Deutsch an der Universität neun Monate zuvor bei null begonnen und hatten im ersten Jahr intensiv mit der inferenziellen Methode gearbeitet.

Um ein Pendant zur Rückübersetzung der schlechten Arbeiten zu erhalten, ließ ich auch eine der „guten" Anfängerinnen den eigenen Text ins Italienische rückübersetzen.

F (0, 1) „Kaugummi-Kauen macht intelligent
Kaugummikauen im Unterricht macht das Lernvermögen der Schüler besser.

Der Medizinpsychologe Siegfried Lehrl hat den Einfluss von Bewegung auf die Hirnfunktionen studiert. 80 Personen mussten auf einem Fahrrad-Ergometer sich bewegen: zuerst in Ruhe, dann bei langsam Bewegung bis an die Grenze der Leistungsfähigkeit und dann wieder in Ruhe. Sie mussten inzwischen Gedächtnis- und Denksportaufgaben lösen.
Lehrl sagte, dass das Denkvermögen in Bewegung um 20 Prozent höher ist als in Ruhe. Die Körperregion hat Einfluss auf die Wirkung: die wichtigste sind Kiefer und Kehlkopf.
Kaugummikauen hat einen weiteren Vorteil: man nicht ermüde."

"Masticare chewing-gum durante la lezione migliora l'apprendimento degli scolari.
Sigfried Lehrl, psicologo, ha studiato come il movimento influisce sull'attività cerebrale.
80 persone hanno dovuto muoversi su una bicicletta – prima tranquillamente, poi con un movimento lento fino al massimo dello sforzo, poi di nuovo tranquillamente.
Intanto hanno dovuto risolvere un grattacapo.
Lehrl ha detto che col movimento l'attività mentale migliora del 20 %. Le parti del corpo influenzano l'attività: le più importanti sono la mascella e la faringe.
Masticare chewing-gum ha un altro vantaggio: non ci si stanca."

Die spontan und sehr rasch in einer informellen Sprechsituation, fern von Prüfungsstress und Leistungsdruck verfasste Rückübersetzung zeigt als auffälliges Merkmal einen geringeren Komplexitätsgrad im Italienischen als im Deutschen:

Lernvermögen → apprendimento
Fahrrad-Ergometer → bicicletta
Gedächtnis- und Denksportaufgaben → grattacapo

Bei der Sprachverarbeitung, bei Übungen, die dem Spracherwerb in der Anfangsphase dienen, kommt es, wie dieses Beispiel belegt, zu einer nachweisbaren Asymmetrie im Präzisionsgrad der jeweils verarbeiteten Sprache: die Zweitsprache wird auf einem Grad der Ausdifferenzierung der semantischen Einheiten verwendet, der keine Entsprechung in der Muttersprache der Lernenden hat.

Diese Erkenntnis widerspricht der unausgesprochenen *folk-psychology* in Hinblick auf das Lernen von Fremdsprachen, dass nämlich die Lernenden von ihrer „perfekten" Beherrschung der Muttersprache ausgehend, sich in der Fremdsprache mit einem viel geringeren Grad an sprachlicher Präzision begnügen müssen, und dass dieses Ungenügen eine Lernhemmung gerade für hochmotivierte und intelligente Lernende darstellen könne.

Diese Vorstellung ist nach Ausweis dieses und ähnlicher Texte aus meinem Korpus von Grund auf falsch.

Der „gute" Lerner lernt in der Erwartungshaltung, dass die fremdsprachlichen Stimuli einen höheren Grad an semantischer Differenzierung aufweisen, als er zu verarbeiten imstande ist, mit anderen Worten, als er in seine Muttersprache zu übersetzen imstande ist. Von dieser Haltung aus stellt sich der Lernende darauf ein, die Semantik mit Hilfsmitteln einzuschränken, die ihm der Kontext zur Verfügung stellt – er greift also auf eine Erfahrungstatsache zurück, die zu seiner eigenen Erfahrung mit Sprache gehört – und er lässt sich von der Vorerwartung der Schwierigkeiten nicht vom Kontakt mit der Sprache abschrecken. Er verwendet also auf sinnvolle Weise Sprache, deren Einzelelemente er nicht hundertprozentig genau versteht.

Der gute Lerner greift auf seine Textkompetenz zurück, um lexikalische Lücken auf der Satzebene zu überbrücken. Die spontane Verknüpfung der Einzelsätze zu einem kohärenten Text ist das charakteristische Merkmal des guten Sprachenlerners. Bei der Produktion der eigenen Texte zeigt sich diese Strategie darin, dass die für den Gesamttext relevante Information auf die Einzelsätze verteilt wird und nicht – wie bei den schlechten Lernern – massiv gehäuft in Einzelsätzen erscheint.

Es zeigt sich also, dass die schlechten Sprachenlerner deshalb schlechte Sprachenlerner sind, weil gerade sie, die über eine ungenügende Textkompetenz in der Muttersprache verfügen, die muttersprachliche Kompetenz als Ausgangspunkt für die sprachliche Aktivität in der Fremdsprache ansetzen und nutzen. In vielen Fällen ist die muttersprachliche Kompetenz nicht nur auf der Textebene ungenügend, sondern auch Registerbeherrschung, Satzsemantik und Syntax sind –

zumindest unter Stress (z. B. beim Sprechen mit einem Professor in einer prüfungsähnlichen Situation) – ganz und gar ungenügend.

Dagegen scheint es, dass die guten Sprachenlerner von der (guten) muttersprachlichen Textkompetenz aus eine Vorerwartung aufbauen, die mit semantischen Schwierigkeiten in der Fremdsprache rechnet, wobei die intuitive muttersprachliche Kompetenz zugleich als Schablone dient, mit deren Hilfe die Vorerwartung auf spezifische Weise in Handlung umgesetzt wird. Verstehen hat in seinem Prozesscharakter immer einen Unsicherheitsfaktor, der das Ergebnis des Verstehens nur als Annäherung erweisen wird.

Die schlechten Lerner bauen extrem präzise Konstrukte im Italienischen auf, die überhaupt nicht den textuellen Eigenschaften von Textzusammenfassungen entsprechen. Es sind isolierte Sätze mit überladener Syntax und Lexik, ohne Thema-Rhema-Verknüpfung und bei totalem Fehlen auch nur der Vorstellung, die thematische Struktur der Aussage könnte über eine Mehrzahl von Sätzen hinweg konstruiert werden. Diese überfrachteten italienischen Sätze werden dann auf Deutsch realisiert, was zu einem Zusammenbruch der Deutschkompetenz führt, die von der Aufgabe überfordert wird. Es gibt dabei keine Möglichkeit einer graduellen Annäherung an ein flexibel definiertes Ziel. Die Unflexibilität im italienischen Ausgangstext ist vielleicht die wichtigste Charakteristik bei dieser Art von Sprachkontakt.

Ein Sprachverhalten, wie es hier bei nicht geforderten, ja unerwünschten „Übersetzungen" diagnostiziert wird, korreliert mit mangelhafter italienischer Sprachkompetenz sowohl im mündlichen als auch im schriftlichen Bereich. Im Mündlichen fällt die Unfähigkeit auf, ein mittleres Register zu benutzen. Sprechen wird als informelles Sprechen realisiert, zu dem es anscheinend in der Stresssituation des Prüfungsgesprächs keine Alternativen gibt. Die Unfähigkeit, beim Sprechen ein mittleres Register zu benutzen, korreliert wiederum mit der Unfähigkeit, thematisch ausgewogene Sätze im Kontext eines „Textes" zu konstruieren.

Von einer solchen Italienischkompetenz aus führt kein Weg zum effizienten Lernen der Fremdsprache. Es gibt in der schulischen Laufbahn aber anscheinend auch keine Instanz, die diesen offensichtlichen Mangel an italienischer Sprachkompetenz erkennen und sich um seine Behebung bemühen würde. Die Arbeiten von Studenten mit hohen Abiturnoten an Gymnasien unterscheiden sich kaum von den Leistungen von Studenten mit schlechtem Abschluss an einer technischen Oberschule.

Gegenüber den Arbeiten der guten Schüler, die Deutsch erst an der Universität begonnen haben, erscheinen diese Studenten als hoffnungslose Fälle, die in einem normalen Prüfungsbetrieb die Serie ihrer Misserfolge chancenlos von einer schriftlichen Prüfung zur nächsten fortsetzen würden.

Extreme Fälle haben eine doppelte Aussagekraft. Erstens sind sie als Äußerungen von extremen Situationen an sich von Interesse. Extreme Äußerungen zeigen aber oft Merkmale, die in anderen Situationen durch konkomitante Merkmale versteckt werden und so unsichtbar bleiben. Extreme Fälle zeigen die Grenzen auf und stecken das Terrain ab, auf dem sich auch die „normalen" Studenten bewegen. Die Tendenz zum extremen Verhalten ist bei vielen Lernenden *in nuce* vorhanden. Eine Lösung im Fall von extremen Lernschwierigkeiten kann daher auch für die große Masse aller übrigen Lernenden wichtig sein und zu sanften Strategien führen, die der Tendenz zum „schlechten" Sprachenlernen entgegenwirken.

Dazu muss man die Eigenschaften der „guten" Sprachenlerner besser kennen. Daher das Interesse für die Arbeiten gerade der besten Studenten.

Auch die gute Textkompetenz der guten Sprachenlerner ist keine abstrakte Größe, ihre Leistungen sind keineswegs frei von Fehlern, aber sie zeigen selbst dort, wo sie misslungen sind, interessante Merkmale dieser spezifischen Art von Sprachkompetenz, die wir als Kompetenz im Gebrauch einer Strategie der Annäherung nach dem Paradigma der Prototypen bezeichnen können.

Authentische Texte gestatten bei der Verarbeitung einen sehr großen Spielraum. Diesen Spielraum gilt es beim Lernen einer neuen Sprache zu nutzen. Die Lernenden brauchen diesen Freiraum, um ihre Interimssprache zu erproben und zu festigen, um Vertrauen zu gewinnen und um die neue Sprache als Mittel für neue Erfahrungen zu erleben und zu nutzen. Wenn die Lernenden dieses Stadium erreicht haben, sollte man sie einfach eine Zeit lang allein mit immer neuen Texten arbeiten lassen und sie dabei nur ganz behutsam aus der Distanz beobachten und betreuen.

Neue Wege der Didaktik

Die hier diskutierten Einzelfälle von Lernleistungen markieren den Anfang eines Weges, keinen Endpunkt, den man als fertige „Methode" anbieten könnte. Die positiven Aspekte sollen andere Lernende ermuntern, ebenfalls die selbstgesteckten Grenzen der sprachlichen Unmündigkeit („Einen authentischen Text kann ich doch am Anfang meines Studiums nie und nimmer lesen!") kühn zu überschreiten. Die positiven Erfahrungen anderer Lernender helfen ihnen dabei.

Hier zwei Arbeiten von Anfängern nach 20 *Stunden* (*sic*!) Deutschunterricht an der Universität. Beide Arbeiten, die nur den APA-Text über Jane Goodall als Vorlage hatten, geben Aufschluss über die frühe Entwicklung der Interlanguage bei guten Lernbedingungen mit intensiver Schulung der Sprachbewusstheit (Prosodie, Nominalgruppen, inferenzielles Lesen). Die erste Arbeit wurde von einer einzelnen Studentin geschrieben:

> (F, 20 Stunden)
> Leise Frau mit lautem Schrei
> Sie ist eine ruhige und leise Frau. Sie war in Kontakt mit dem Schimpansen. Jetzt ist sie 65 Jahre alt. Sie heißt Jane Goodall; sie wohnte mit seiner bürgerliche Familie und sie war eine Sekretärin. Sie kam nach Afrika in 1957 an: sie war 23 Jahre alt. Dieser Kontinent war magisch für sie. Sie wurde die Sekretärin des Anthropologen Louis Leakey. Er hat den Fossilen der frühen Menschen gesehen.
> Leakey hat ein großes Potential in der jungen Frau gesehen. Sie studiert die Schimpansen. Der Antropologen denkt, Männer können nicht die Schimpansen gut studieren, sondern Frauen können.
> Jane Goodall arbeitet in Tansania, am Tanganijka See zog, wie eine Schimpansen-Forscherin. Ihre Mutter heißt Vanne und sie ist Englisch aus Bournemouth.
> Jane schreibt für eine wissenschaftliche Zeitschrift. Die Zeitschrift heißt „Nature". Sie sagt, Schimpansen haben keine Namen, denn sie haben keine Persönlichkeit, aber sie mokiert. In die Zeitschrift gibt es kein „er" und „sie" für die Schimpansen, sondern „es".

Die Arbeit ist, genau betrachtet, eine Abfolge von Kurztexten, die jeweils einen Absatz umfassen. Die Absätze sind deutlich markiert; die Zitate stehen in Anführungszeichen und sehr genau ist auch die Angabe zur Sprachkompetenz: „0 anni di studio di tedesco".

Die zweite Arbeit stammt von einer Arbeitsgruppe, laut Eigenaussage: „0 (null) Jahre von Deutsche".

> (F,F,M,M, *20 Stunden*)
> Jane Goodall ist eine große Schimpansen-Forscherin und wird 65 Jahre alt. Sie kommet nach Afrika 1957; sie ist 23 Jahre alt und sie ist eine Sekretärin. Sie ist angezogen von dem fremdem Kontinent und dessen Tieren.
> Sie traft Louis Leakey, den großen Anthropologen und sie arbeit mit ihm als Sekretärin. Sie studiert die Schimpansen. Jane Goodall schreibt eine Beitrag für eine Zeitschrift: sie spricht von den Schimpansen als Menschen, aber sie durchstrichen den Personalpronomen „er" und „sie" mit „es".

Der Unterschied zu den fossilisierten Arbeiten der Studenten mit vier oder mehr Jahren Deutschunterricht ist augenfällig. Die „Fehler" lassen sich bei diesen Anfängerarbeiten als zusammengehörige Momente einer Interimskompetenz erkennen und lassen ahnen, dass die Schreiber schon bald die nächste Stufe ihrer Interimssprache erreichen werden. Auf der Grundlage solcher schriftlicher Arbeiten ist Grammatikunterricht sinnvoll und leicht zu programmieren.

Das „Umschulen" der „schlechten" Lernenden gelingt nach dem Aha-Erlebnis in der Regel sehr rasch. Sprache und Welt sind über das enzyklopädische Wissen miteinander in enger Verbindung und es bedarf schon eines gewaltigen Kraftaktes, diese enge Verknüpfung so systematisch zu zerstören, wie es an den italienischen Schulen geschieht. Aber diese Zerstörung ist nicht definitiv. Normalerweise genügen wenige Tage, um das „authentische" Schreiben und Sprechen neu zu aktivieren. Es geht ja nur darum, die Brücke zum „normalen" Sprechen im Alltag wieder herzustellen, die zuvor abgebrochen worden war. Es ist nichts grundlegend Neues zu lernen.

Die alten, erstarrten Traditionen des „schulischen" Sprechens erweisen sich als unerwartet fragil. Acht oder 12 Jahre einseitigen

Schreibdrills werden in wenigen Tagen, in vielen Fällen schon nach wenigen Stunden, ad acta gelegt und durch einen völlig neuen Zugriff auf Sprache und Welt ersetzt.

Die hier diskutierten Fälle von Sprachkompetenz korrelieren mit den Erfahrungen des prosodisch orientierten Phonetikunterrichts in selbstgesteuerten Kleingruppen. Der konstante Erfolg der Übungseinheiten der inferenziell gesteuerten „Kontrastiven-Prosodie-Methode" (Missaglia 1999b) bringt nicht nur die erwünschten Ergebnisse im Bereich des Phonetikerwerbs, sondern dient auch als Modell für den Spracherwerb generell. Dieses Konzept wird von den Erfahrungen beim Textumformen in der Erst- und in der Zweitsprache bestätigt. In beiden Fällen wird das Ziel der Übung durch eine Vielzahl von Annäherungsschritten erreicht, nicht durch eine Alles-oder-Nichts-Strategie. Lernen wird als Annäherung an ein prototypisch erfahrbares Ziel verstanden und das Gelernte wird sogleich auf eine neue Situation angewendet und in einem neuen Kontext weiter erprobt.

Analog zum „Aushandeln" der prosodischen Gestaltung der italienischen Sprechakte in der Gruppe ist die Feinarbeit an den italienischen Textzusammenfassungen zu sehen, wenn sie nicht spontan gelingen. Die Korrektur gelingt mit Hilfe von Beispielen aus der eigenen muttersprachlichen Erfahrung, die im Lauf des *peer assessment* in der Gruppe auch von schüchternen Lernenden ins Spiel gebracht wird.

Die Lernenden aktivieren dabei ihre bisher schlecht genutzte „intentionelle" Ebene und verschaffen somit der Steuerung ihres Sprechens Zugang zu den Erfahrungen in der Erstsprache.

Schreiben im Frühstadium des Spracherwerbs

Zu Beginn des Studienjahres 2000/2001 erhielten Studierende an verschiedenen italienischen Universitäten aktuelle Berichte über den Handy-Boom in Deutschland zum Lesen und zum Zusammenfassen auf Deutsch und auf Italienisch. Zu den erstaunlichen Ergebnissen, die in diesem Korpus dokumentiert werden, gehören die lesbaren und in jedem Sinn brauchbaren Texte von Nullanfängern nach 45 Minuten Einführung in die deutsche Sprache.

Es folgt hier einer der fünf inhaltlich verknüpften Texte, die den Lernenden für ihre Arbeit zur Verfügung standen. Alle Texte wurden

den Lernenden im Originalwortlaut vorgelegt. Da zwei der Texte Abbildungen von Mobiltelefonen zeigen, ist das Thema der Texte auf den ersten Blick evident, ebenso die Äquivalenz „Handy“ – „telefonino“.

Nach einer kurzen Einführung in die Struktur der deutschen Nominalgruppe (20 bis 60 Minuten entsprechend der Teilnehmerzahl), bei der vor allem der Default-Akzent der Nominalgruppe und der Nominalkomposita beschrieben und von den Lernenden sogleich geübt wird, erhalten alle Lernende, also auch die Nullanfänger, die Aufgabe, auf Grundlage dieser Texte eine kurze Zusammenfassung auf Italienisch und einen elementaren Text auf Deutsch zu verfassen.

Die „inferenzielle“ Lesemethode wird dabei weder erwähnt noch praktisch vorgeführt. Bei den hier vorliegenden Texten genügt die Herausforderung der Aufgabenstellung, um inferenzielle Prozesse zu aktivieren, da keine Alternativen zum erfolgreichen Abschluss der Arbeit zur Verfügung stehen. Die Studenten arbeiten ohne Wörterbuch und ohne jede Hilfe auf dem Gebiet der Grammatik.

SPIEGEL ONLINE
Januar 2001

Pro Festnetzanschluss ein Handy

Deutschland wird zur Handy-Nation Europas: Anfang nächsten Jahres überholen wir die Italiener – zumindest was die absoluten Zahlen angeht.

Berlin – „Anfang nächsten Jahres werden in Deutschland 50 Millionen mobil erreichbar sein“, berichtete das Bundeswirtschaftsministerium am Montag. Das entspräche genau der Zahl von Festnetzanschlüssen, die die Regulierungsbehörde für Telekommunikation und Post zum Ende des Jahres erwartet.
Laut Wirtschaftsministerium überholt Deutschland mit diesem Handy-Boom Italien, das mit 39,5 Millionen „telefoninos“ den Mobilfunk-Markt in Europa anführt. „Wir sind später gestartet als andere Länder, bewegen uns jetzt aber mit hoher Geschwindigkeit auf der Überholspur“, sagte Wirtschaftsminister Werner Müller. Allein in den vergangenen elf Monaten habe sich die Zahl der Handys etwa verdoppelt.

Die höchsten Penetrationsraten (Handy-pro-Einwohner) weisen jedoch nach wie vor die skandinavischen Länder auf: Finnland liegt an der Spitze, gefolgt von Schweden und Norwegen.

Die folgenden Arbeiten wurden von den Lernenden, darunter Barbara, einer Nullanfängerin, nach 20 Minuten Unterricht geschrieben. Jeder schrieb zwar für sich allein, aber die völlig unerwartete Aufgabe hatte eine Art von Gruppengefühl entstehen lassen, das wohl mitgeholfen hat, die geistigen Kräfte der Lernenden aufs äußerste zu aktivieren.

F (0, *nach 20 Minuten*)
"Nel gennaio del 2001 la Germania diventerà il paese dei telefonini. I dati raccolti fino a settembre del 2000 fanno pensare che la produzione e la vendita dei telefonini presto supererà quella italiana."

„Der Umsatz bei den Mobiltelefone habe um 161 Prozent auf 1,3 Milliarden DM.
Die Deutschländer überholen die Italiener.
Umsatz Mobiltelefone Halbjahr 2000: 161 %."

Die italienische Zusammenfassung zeigt ein Phänomen, das man bei vielen Arbeiten von italienischen Studenten wiederfindet – *wenn man es einmal erkannt hat.* Ohne jeden erkennbaren Grund bringt Barbara auch die „Produktion" von Mobiltelefonen ins Spiel, wo in den ihr vorliegenden Texten nur von der Verbreitung und vom Verkauf die Rede ist.

Der Faktor „Produktion" ist also auf Inferenz aus dem italienischen Erwartungshorizont zurückzuführen. Die Inferenz aus dem Italienischen ist aber eingeschränkt. Die Erwartung betrifft allem Anschein nach ausschließlich Produkte, die in Italien hergestellt werden, *Nokia, Ericsson* und *Motorola*, die verbreitetsten Marken in Italien, sind jedoch wohl kaum als italienische Produkte zu identifizieren.

Die inferenziellen Prozesse werden also nicht strategisch vom deutschen Text her ausgelöst und gesteuert, sondern ausschließlich vom – reduzierten – Erfahrungshorizont aus dem italienischen Lebensbereich. Diese unerkannten, unterschwelligen Inferenzen auf niedrigem Niveau stellen einen entscheidenden Störfaktor beim Lesen und Lernen der Fremdsprache dar.

Ein weiterer, kritischer Punkt ist die inferenzielle Erschließung der Zahlen in diesem Text. Es genügt nicht, „absolute Zahlen“ als „cifre assolute“ zu *übersetzen*, ohne sich dessen bewusst zu werden, dass der Hinweis auf die absoluten Zahlen den impliziten Hinweis mitenthält, dass es auch „relative“ Zahlen gibt, die von Interesse sind.

An diesem Punkt *müssen* die Lernenden auf ihr Weltwissen zurückgreifen und sich die Relevanz der absoluten, bzw. der relativen Zahlen in Hinblick auf die Verbreitung von Handys vor Augen halten. Gelingt ihnen dies nicht, so bleibt der Text – der fremde wie der eigene – leer und ohne rechten Sinn.

Die rasch verfasste, knappe Zusammenfassung auf Italienisch erfüllt den Zweck, das Verstehen zu „sichern“. Ein Anfänger schrieb in der vierten Stunde folgende Zusammenfassung, deren kreatives Zentrum im „ma“, „aber“ liegt, das den Zusammenhang zwischen den absoluten und den relativen Zahlen der Handy-Verbreitung in Europa herstellt: “La Germania supererà l’Italia per il numero di telefonini in circolazione. Ma la percentuale più alta di telefonini pro capite è dei paesi scandinavi”.

Dieser Schritt wird von unseren Studenten aber keineswegs spontan vollzogen und muss deshalb intensiv geübt werden.

An diesem Punkt kann erneut präzisiert werden, was die einzige Arbeitsanleitung für das inferenzielle Arbeiten wirklich bedeutet. Diese Anleitung sagt, dass die Lernenden alle Wörter, die sie in einem Text spontan verstehen, *zu Ende verstehen sollen.* Das Verstehen zu Ende führen, es in allen Einzelheiten mit dem bereits vorhandenen Weltwissen der Leser abzustimmen, ist das Programm der bewussten inferenziellen Tätigkeit.

Was ändert sich im Verstehen und im Verhalten der Lernenden, wenn sie den Hinweis auf die absoluten Zahlen „wirklich verstehen“ und zugleich auch die Vorstellung von den relativen Zahlen aktivieren? Nicht nur die Adjektive werden mit neuen Inhalten erfüllt, sondern auch die beteiligten Substantive „Deutschland“ und „Italien“. Die relativen Zahlen sind „relativ“ nicht in Hinblick auf die Länder, sondern in Hinblick auf die Bevölkerungszahlen.

Mit dem Begriff „relative Zahlen“ haben viele unserer Studenten ihre Probleme. Sie erkennen nicht den Zusammenhang zwischen der Verbreitung der Mobiltelefone und der Bevölkerung. Vielleicht sollte man genauer sagen: Im Moment, in dem sie mit dem deutschen Text konfrontiert werden, sind ihre kognitiven Fähigkeiten so weit eingeschränkt, dass es nur wenigen Studenten gelingt, spontan den Zusammenhang zwischen der Zahl von Handys und der Gesamtzahl der Bevölkerung zu erkennen.

Das Wissen um diesen Zusammenhang gar für das Verständnis des deutschen Textes zu nutzen, würde niemandem in den Sinn kommen.

Diese „Inferenzverweigerung“ dient vielleicht als Selbstschutz, da die meisten Studierenden an den italienischen Sprachfakultäten nur über geringes Weltwissen verfügen. Schon die Bevölkerungszahl des eigenen Landes überfordert viele, entsprechende Zahlen über andere Länder stehen kaum einem spontan zur Verfügung. Die Beschränkung auf „Wörter und Sätze“ beim Lernen einer fremden Sprache hat also auch die Funktion, die eigene Ignoranz vor der Entdeckung im Moment des Sprachkontaktes zu bewahren.

Inferenziell gesteuertes Lesen und Schreiben in kleinen Schritten ist in einer solchen Lernsituation ein Mittel zum gleichzeitigen Aufbau von Wissen und Sprachkompetenz. Das Vorwärtsgehen in kleinen Schritten dient einerseits der Sicherung des sprachlichen Terrains, es soll aber auch dazu verhelfen, Lücken im Wissen zu schließen. Mittel dazu ist die Vernetzung des Ausgangstextes mit zusätzlichen Informationen zum behandelten Thema.

Als erste und wichtigste Quelle für zusätzliche Informationen steht der Ausgangstext selbst zur Verfügung, dazu kommen die Texte des Pakets von vier bis sechs Texten aus demselben thematischen Umkreis und schließlich Links zu Seiten, die zusätzliche Informationen anbieten, etwa die Bevölkerungszahlen der einzelnen Länder, die absoluten Zahlen der Handys in anderen europäischen Ländern, usw.

Statt der komplexen inferenziellen Prozesse kann ein rascher Blick auf einen Paralleltext die erwünschte Hilfe leisten. Aber gerade die Lernenden mit Schulerfahrung in Deutsch nutzen die Chance der tabellarischen Auflistung von Information nur zögernd. Der Schritt zur souveränen Nutzung des Informationsangebots gelingt aber bei der Arbeitsteilung in Gruppenarbeit. Schreiben und Arbeit in selbstgesteuerten Gruppen gehören also zusammen.

Die Arbeit der Lernenden besteht darin, sich mit Hilfe der spontan verständlichen Elemente einen ersten Überblick zu verschaffen, diesen

Überblick zu vertiefen, indem die sprachlichen Elemente mit Wissen „angereichert“ und situativ in den Wissenshorizont des Lesers eingebettet werden.

Thema: Handy, Handys

Namen: Deutschland, Europa, Italien, die Italiener, Werner Müller, Finnland, Schweden, Norwegen, die skandinavischen Länder.

Internationalismen:
Handy-Nation Europas, absolut, 50 Millionen, mobil, Ministerium, Telekommunikation, Post, Handy-Boom, Mobilfunk-Markt.

Auf dieser Grundlage kann nach 30 Minuten Unterricht ein „brauchbarer“ Text auf Deutsch konstruiert werden. Es werden dabei nur sprachliche Elemente verwendet, die im Originaltext vorkommen. Die Lernenden kopieren zwar, aber sie kopieren Nominalgruppen, die sie als rekurrente Struktur der deutschen Sprache erkennen und deren Sinn sie voll und ganz verstehen.

F/M (0, *idealer Lerner nach 30 Minuten*)

Handy-Boom in Europa

A. Die absoluten Zahlen:
   2000: Italien liegt an der Spitze, gefolgt von Deutschland.
   2001: Deutschland liegt an der Spitze, gefolgt von Italien.
B. Die relativen Zahlen:
   Finnland liegt an der Spitze, gefolgt von Schweden und Norwegen.

In einer Südtiroler Lernumgebung haben drei Studentinnen aus dem Trentino, die bei null begannen, nach einer Einführung von ca. 45 Minuten (inklusive Übungsphase für die Aussprache) den folgenden Text auf Italienisch geschrieben. Den deutschen Text schrieben zwei der Mädchen am Nachmittag ohne zusätzlichen Input.

3 F (0, 0, 0 nach 45 Minuten)
“Attualmente l’Italia supera la Germania per quanto riguarda la diffusione dei telefonini, si prevede che per il gennaio del 2001 la

Germania con 50 milioni di telefonini, batterà l'Italia che ne avrà 39,5 milioni (questo per ciò che concerne le cifre assolute).
In proporzione la popolazione scandinava è ai primi posti nelle classifiche europee."

2 F (0, 0 *nach 45 Minuten*)
„Deutschland wird zur Handy-Nation Europas, in den Januar 2001 die Deutschen überholen die Italiener.
In Deutschland: 50 Millionen Handys, in Italien 39,5 Millionen. In Deutschland pro Festnetzanschluss ein Handy."

Nach *einer* Stunde Unterricht zur Prosodie der deutschen Nominalgruppe haben die zwei Studentinnen, die zuvor nichts von der deutschen Sprache wussten, die hier abgedruckte Zusammenfassung auf Deutsch verfasst. Die Arbeitsanleitung bestand in der Vorgabe, auf die Nominalgruppen zu achten, sie mit dem Default-Gruppenakzent zu sprechen und aus den beiden deutschen Texten mit Hilfe von spontan erkennbaren Analogien einen neuen, sehr einfachen Text zu schreiben.

Diese Anfängerinnen sind also durchaus imstande, Inkongruenzen sowohl im italienischen wie im deutschen Text festzustellen, die von zwei Lernenden verfasst wurden, die *zehn Jahre Deutsch* an der Schule gelernt haben:

F, F (10, 10,*plus 45 Minuten Einführung*)
"In questi ultimi undici mesi il numero di cellulari venduti in Germania è raddoppiato tanto da raggiungere il record italiano, di cui se ne prevede il superamento all'inizio del 2001. Secondo le stime inoltre alla fine del prossimo anno il numero dei cellulari eguaglierà quello dei telefoni fissi, entrando in competizione con i paesi scandinavi."

„Italien hat 39,5 Millionen Handys. Am Anfang 2001 wird Deutschland 50 Millionen Handys haben.
Der deutsche Staat wird im nächsten Jahr Italien überholen.
Die absoluten Zahlen schätzen ein Handy pro Festnetzanschluss."

Auch Anfänger, die bei null beginnen, können also bereits *nach einer Stunde* positive Beiträge in einer Gruppe leisten, in der auch fortgeschrittene Lernende mitarbeiten.

Kollektives Schreiben in Kleingruppen im Frühstadium des Spracherwerbs ist eine radikale und zugleich relativ leicht realisierbare Innovation im Fremdsprachenunterricht an der Schule und an der Universität:

- Die hervorragenden Leistungen vieler Nullanfänger nach wenigen Stunden zeigen deutlich, dass beim kollektiven Schreiben niemand ausgeschlossen sein muss.
- Der frühe Zeitpunkt – lange vor dem Erwerb von Grammatikkompetenz und einem operativen Grundwortschatz – unterbindet jeden Versuch, den deutschen Text als Übersetzung einer italienischen Vorlage zu produzieren. Es muss von Anfang an eigenständig auf Deutsch geschrieben werden.
- Der von der Arbeitsanleitung stimulierte inferenzielle Arbeitsprozess verbindet Sprache und Wissen in unaufdringlicher Form und führt die Lernenden zu sanften Arbeitsstrategien im kognitiven Neuland inferenzieller Arbeitsformen.
- Die Lernenden befinden sich in einer „authentischen" Arbeitssituation, die zur Bildung von Gruppen hinführt und bereits bestehende Gruppen stabilisiert.

Die hier vorgestellten Arbeiten von Lernenden im Anfangsstadium des Spracherwerbs sind kein Paradigma für den Anfängerunterricht, sie stellen aber auch keine Ausnahme dar. Solche Momente von kreativem Umgang mit sprachlichen Stimula können leicht in anderen Lernsituationen wiederholt werden. Es geht nicht darum, zu beweisen, dass solche Leistungen in unseren Klassenzimmern möglich sind, sondern darum, Erfahrungen zu gewinnen, die einer möglichst großen Zahl von Lernenden zugute kommen.

Die Verbindung von Authentizität des Sprachgebrauchs und „gruppaler Bezogenheit" während des Lernens ist der Kern einer Didaktik des autonomen Lernens von Sprache. Dass die beiden Aspekte, jeder für sich allein, in den italienischen Schulen praktisch unrealisierbar sind, erklärt den Erfolg dieser Kombination in den seltenen Fällen, in denen ihre Realisierung gelingt.

Ausblick: Authentizität, Adhärenz, Versöhnung

Die Beobachtung und Analyse des Verhaltens von italienischen Deutschlernern in Schule und Universität hat uns zur prosodischen Kompetenz und zur Textkompetenz als maßgeblichen Kategorien geführt. Beide Kompetenzbereiche stellen Indizien über den Erfolg der unbewussten „Steuerung" des Sprechens bereit, sie gehören aber nicht selbst zu dieser Steuerung, die wir uns jenseits der „Sprachgrenze" zu denken haben. Die typische Lernsituation in italienischen Schulen und Universitäten, die durch massives Auswendiglernen charakterisiert ist, versperrt den Zugang zu dieser Ebene der Sprachproduktion. Nur selten gelingt es, einen Blick hinter die Grenze des Sichtbaren und des Hörbaren zu werfen, und dort, wo solche Blicke gelingen, wie im folgenden Fall, geben sie keine Antworten sondern werfen neue Fragen auf.

Rosaria war eine auffällige Studentin, sie kam aus dem Süden, war älter als ihre Kommilitoninnen, an die dreißig, berufstätig, stark in der Gewerkschaft engagiert – und für Sprachen wirklich unbegabt. Aber es gab in Bergamo, der Stadt, in der sie lebte, nur die Fakultät für Fremdsprachen. Sie wusste, dass das Studium ihre berufliche Laufbahn kaum beeinflussen würde. Sie lernte aus Leidenschaft und Deutsch war ihr besonders wichtig. Aber es gelang ihr nur wenig. Die Phonetik stellte eine unüberbrückbare Hürde dar, ihre Sprechakte auf Deutsch waren am Durchschnitt der norditalienischen Lernenden im Hörsaal so deutlich als „schlecht" charakterisiert, dass sie schließlich verstummte.

Es gab aber einen unerklärlichen Moment des Erfolgs. Als Unterrichtsmaterialien dienten damals, in den frühen 70er Jahren, vor allem Gedichte von Bertolt Brecht. Nicht die berühmten Lieder aus den Theaterstücken, sondern die prosaisch anmutenden didaktischen Gedichte aus den 30er Jahren. Darunter auch das kleine Gedicht – wenn man es so nennen will – „Wir hören, du willst nicht mehr mit uns arbeiten".

Wir hören, du willst nicht mehr mit uns arbeiten.
Du bist zu kaputt. Du kannst nicht mehr herumlaufen.
Du bist zu müde. Du kannst nicht mehr lernen.
Du bist erledigt.
Man kann von dir nicht verlangen, daß du noch etwas tust.
So wisse:
Wir verlangen es.
Wenn du müde bist und einschläfst
Wird dich niemand mehr wecken und sagen:
Steh auf, das Essen steht da.
Warum sollte Essen dastehen?
[...]

Der Rhythmus des Gedichts wird stark vom Sinn der Sätze bestimmt und gestattet eine individuelle Gestaltung der Pausen und der Satzbetonung. Die Sprecheinheiten sind überschaubar, so dass schon beim erstmaligen Lesen gute Leistungen im lauten Lesen erbracht werden.

Rosaria las diesen Text „perfekt". Alles, selbst das „arbeiten" – vielleicht das schwierigste deutsche Wort für italienische Lernende überhaupt – war richtig, die Deakzentuierungen stimmten. Die phonetische Realisierung der Einzellaute entsprach den Erwartungen.

Diese Leistung kam völlig unerwartet und stellte eine Trennmauer zu allen vergangenen Erfahrungen Rosarias mit der deutschen Sprache dar. Leider auch zu ihren zukünftigen, wie sich bald herausstellen sollte, denn es gelang ihr nicht, diese „perfekte Aussprache" erneut zu erreichen. Es gelang ihr nicht bei den inhaltlich sehr nah verwandten Gedichten von Brecht, die ich rasch kopiert hatte, und auch nicht beim freien Sprechen oder beim Lesen anderer Texte.

Die Erinnerung an diese Episode ist noch stark und lebendig, weil ich die erfolglosen Anstrengungen von Rosaria in den Wochen und Monaten nach diesem Erlebnis nicht vergessen habe. Diese Erinnerungen, die mir jetzt mehr als ein Vierteljahrhundert nach dem Ereignis durch den Kopf gehen, nehmen aber bereits die Form einer Antwort auf Rosarias Lernproblem an. Erfolgreiches Lernen war für sie offensichtlich mit einer Haltung „auf andere Menschen hin" verbunden. Ihr Engagement für die Mitarbeiter in ihrem Betrieb hatte in einem für sie unvorhersehbaren und unwiederholbaren Moment in den Worten Brechts eine Bestätigung gefunden. Die deutschen Worte entsprachen genau ihrer Haltung als Sprecherin für die anderen, so wie Brecht in diesem Gedicht für die anderen, die Schwächeren, das Wort ergreift.

In diesem Moment wurde auch Rosaria, die schwache Lernende, stark. Und zwar ganz spontan und unbewusst – auf eine ihr *natürliche*, angemessene Art.

Rosarias Erfolg war aber zugleich ein Misserfolg, ihre „Stimmigkeit" war eingeschränkt auf die persönliche, lebensgeschichtliche Dimension eines isolierten Menschen. Sie sprach nur zu sich und für sich selbst. Sie errang ihren Erfolg nur für sich selbst. Ist Rosaria also mehr als die Kronzeugin für einen kurzen Moment des Erfolgs? Ist das Versagen vielleicht ebenso aufschlussreich wie das Glücken?

Adhärenz/Versöhnung

Die Schule von Don Milani hatte die Aufgabe und das Ziel, die Kinder und Jugendlichen ihrer archaischen Sprachlosigkeit zu entreißen und zu sprachfähigen jungen Menschen zu machen. Jeder Moment dieser Schule „für den ganzen Menschen, für den ganzen Tag und das ganze Jahr" stand im Zeichen der Spracherziehung. Von diesem entlegenen Ort aus hat sich in den 70er Jahren die Neubestimmung der Schule unter dem Vorzeichen der Sprache in Italien weitgehend durchgesetzt (De Mauro 1975, Simone 1976, Drumbl 1990).

Edoardo Martinelli, Schüler in Barbiana und Mitautor des „Briefes an die Richter" versucht, den Lehrern von heute das Erbe der Schule von Don Milani unter dem in der Übersetzung schwer zu fassenden Begriff „pedagogia dell'aderenza" zu vermitteln (Martinelli 1998: 257).

"Il Priore scrive che il suo 'metodo' sta 'nella cruda precisione e nella cruda aderenza della parola al pensiero'".

„Don Milani sagte, seine ‚Methode' bestehe in der ‚Genauigkeit und der Übereinstimmung (‚Adhärenz') der Worte und der Gedanken'."

Was mit „cruda aderenza della parola al pensiero" gemeint sein kann, erfahren wir in unserer didaktischen Praxis aus Arbeiten von Lernenden, in denen Wort und Gedanke getrennt sind. Das Verhältnis von Wort und Gedanke, von Sprechen und Welt ist von unerhörter Komplexität, die beim Lernen radikal reduziert wird, ohne dass sich die Beteiligten darüber Rechenschaft ablegten, was dieser Verlust an Komplexität für den Spracherwerb bedeutet und wann und auf welche Weise die Lernenden der „aufgeschobenen" Komplexität des Umgangs mit Sprache wieder begegnen können.

Einen Blick auf die große Komplexität von Sprechen und Schreiben „in der Welt" eröffnen Ortner/Sitta (2002: 38) in einer Arbeit unter dem Titel „Was ist der Gegenstand der Sprachwissenschaft?". An prägnanter Stelle erscheint dort das Wort *Versöhnung*, das den schwer fassbaren Begriff der „Adhärenz" vom Text her beleuchtet.

„Der Schwierigkeit der Differenz zwischen Sprache und Wirklichkeit lässt sich unseres Erachtens am besten mit Piagets Konzept des Äquilibre beikommen. Nimmt man den Schreiber ins Visier (beim Sprecher gilt Analoges, doch sind die Bedingungen hier weniger gut erforscht), so geht es für ihn darum, ein ausgewogenes Verhältnis zwischen situativen Faktoren, seinem Anliegen und dem sprachlich entworfenen Szenario herzustellen. [...] Das Bemühen um ein solch ausgewogenes Verhältnis ist harte Arbeit am Text. [...] Die Sachverhalte sind diffus, die Wahrheit ist verschwommen, die Sache ist sperrig, die Faktoren ziemlich blass, die Konturen der Situation holzschnittartig, die Wörter, die Sätze, die Äußerungen/Texte sind unzuverlässig und unzureichend; die geschaffenen Weltversionen erreichen den Zustand der Versöhnung nicht – das ist in etwa der Normalzustand am Beginn schwieriger Schreibaufgaben. Deshalb ist die Äquilibration so schwierig, die Freude aber so groß, wenn sie gelungen ist."

Vom Begriff des Äquilibre aus ist es möglich, eine Brücke von der linguistischen Fragestellung zu anderen Bereichen der Humanwissenschaften zu schlagen, wie es für die Lernforschung notwendig ist.

Der Begriff *aderenza,* „Adhärenz", hat eine Entsprechung in der medizinischen Fachsprache im Umkreis schwierig zu handhabender antiretroviraler Kombinationstherapien:

„Adherence / Adhärenz

Der aus dem Amerikanischen stammende und heute bevorzugte Begriff der ‚Adherence' beschreibt eine eher aktive Rolle des Patienten und den Prozess, der zu einem durchdachten Verhalten führt: die Interaktion zwischen den Beteiligten, die Berücksichtigung des Wissensstandes, der Überzeugungen und der Entscheidung sowie ein danach ausgerichtetes Handeln." (http.//www.aidsnet.ch/d/medical_adherence.htm).

Gegenüber dem gebräuchlichen Terminus „Therapietreue" und dem Begriff der „Compliance", der eher das passive Verhalten der Patienten betont, erfasst der Begriff der „Adhärenz" die Komplexität des Verhaltens von Patienten in kritischen Situationen.

Mit dem Begriff „Adhärenz" in der aus dem Italienischen übernommenen Lehnbedeutung können wir uns auf das Verhalten von Lernenden beim Sprechen in gesteuerten Lernsituationen beziehen. Mit „Adhärenz" ist dabei nicht einfach die Beziehung von Sprache und „Welt" angesprochen, sondern auch das Verhalten der Lernenden zu ihrer „schwierigen" Umwelt.

Dieses Verhältnis des Menschen zur Sprechsituation ist in schulischen Sprachlernsituationen oft von Grund auf gestört. Jahrelange Übung im Sprechen ohne Beziehung zur „Welt" und zur Umwelt des Lernenden führen zu Fossilisierungen der Sprechintention und des Sprechens zugunsten stereotyper und leerer Ausdrucksformen, die im Einzelfall unkorrigierbar sind.

Was wir von Barbiana lernen können, ist, auf Phänomene zu achten, die nur in extremen Situationen sichtbar werden. Die mangelnde „Adhärenz" der Schüler beim gesteuerten Fremdsprachenunterricht bleibt unbeachtet, weil eine Fülle anderer Defizite, allen voran das der Aussprache und der „Grammatik", das Defizit im „authentischen" Sprechen in den Hintergrund rücken. Vielleicht ist der Problemkreis der „Adhärenz" in der Fremdsprachenklasse deshalb so schwer zu erkennen, weil es sich um Probleme handelt, die auch in der Muttersprache der Lernenden auftreten, und die dort ebenso unbeachtet bleiben, wie bei den schulischen Sprechakten in der Fremdsprache.

Authentizität

Jeder Versuch, in der Klasse im Rahmen des Sprachunterrichts „authentische", das heißt, „normale", Sprechakte zu realisieren, legt Zeugnis davon ab, wie schwierig es ist, außerhalb der intuitiv erlebten Sprechsituationen *spontan* zu sprechen oder zu schreiben.

Die Lernenden sprechen in isolierten Sätzen, die keinen Bezug zur Wirklichkeit haben. Das erste Beispiel gibt den Ton für die Mitschüler an und verleitet selbst die fortgeschrittenen Lernenden mit 13 Jahren Deutschunterricht zur Praxis der „leeren" Sätze:

„Ich fahre mit dem Zug von Rovereto bis nach Brixen."
„Ich putze jeden Tag mein Haus mit dem Staubsauber."
„Ich liebe es, jeden Nachmittag mit dem Fahrrad zu fahren."

Diese Sätze sind als Übersetzungen von *falschen* italienischen Sätzen entstanden. Nach der Rückübersetzung, die in dieser Phase eine wichtige Rolle als Kontrollinstanz spielt, erkennen die Lernenden, dass sie „il pomeriggio faccio un giro in bicicletta" sagen würden, und nicht den italienischen Satz, den sie gerade rekonstruiert haben. Sie erkennen auch, dass „fino a Bressanone" nur in einem größeren Kontext sprachüblich ist, so etwa, wenn vom Erreichen eines Ziels die Rede ist: „Ich fahre mit dem Zug bis (nach) Brixen und nehme von dort den Autobus ...".

Und zum Beispiel aus dem Hausfrauenalltag kommt es verunsichert zurück: „Natürlich ‚putze' ich nicht wirklich mit dem Staubsauger." Putzen ist ja ein Sammelbegriff für eine Vielfalt von Einzelaktionen. Der Staubsauger spielt dabei eigentlich eine eher untergeordnete Rolle. Kann man sagen: „Ich sauge meinen Perserteppich?"

Wir sprechen über die Verwendung des Staubsaugers und über Lieblingsteppiche, und die Augen der Lernenden, einer berufstätigen Studentin, beginnen sich aufzuhellen. Sie spricht wirklich in Bezug auf ihre Welt und produziert nicht bloß stereotype Sätze. Gleich kommt es, dass selbst der schöne Perserteppich eigentlich kein geeigneter Sprechanlass ist, und schon gar nicht als Antwort auf die Frage nach typischen Situationen in ihrem Leben. Und plötzlich erkennnt sie, dass sie uns etwas zu sagen hat.

Sie ist begeisterte Köchin und unter den Freunden und Verwandten berühmt für ihre Fischsuppe. Über Fischsuppen weiß sie Bescheid: Sie weiß, wie man die Polypen kochen muss, damit sie weich werden, welche Zutaten in welcher Reihenfolge hinzugefügt werden müssen und einige Tricks kennt überhaupt nur sie. Hier ist ihr Bericht:

„*Das mache ich gern*
Ich koche gern, weil Kochen für mich wie eine Kunst ist. Am liebsten koche ich Fischsuppe. Zuerst bereite ich alle Zutaten auf dem Tisch vor, so wie ein Maler seine Farben vorbereitet.
Aus der Küchenkredenz nehme ich zwei große Pfannen. Eine Pfanne fülle ich mit Wasser und koche darin den Fisch mit Gräten.
In die andere Pfanne gebe ich zwei Löffel Olivenöl. Sobald es heiß ist, gebe ich die gehackten Zwiebel hinein und lasse hellbraun anrösten.
Dann gebe ich die Tomaten dazu und größere Fischstücke, und dann den gekochten, passierten und entgräteten Fisch. Nach und nach gebe ich die restlichen Fische dazu, je nachdem wie ihre Kochzeit ist, und zerkleinerte Petersilie.
Für Fischsuppe und viele Speisen verwende ich alte Hausrezepte."

Das ist der spontan geschriebene Text einer Lernenden, die sich an der Arbeit in der Klasse mit dem stereotypen Satz „Ich putze jeden Tag mein Haus [gemeint ist *casa*, „Wohnung"] mit dem Staubsau*b*er [versehentlich statt *Staubsauger*]" beteiligt hatte. Ohne die Kritik an den „falschen" Sätzen in dieser Übungsphase hätte wahrscheinlich niemand erkannt, wie gut sie tatsächlich Deutsch kann.

Wichtig ist nicht die Originalität der Texte – nicht immer werden wir in die Geheimnisse der italienischen Küche eingeweiht – entscheidend ist der Bericht über das Erreichen der Authentizität. Die Lernenden müssen von der Schulhaltung abstoßen, die sich überdeutlich in den italienischen Vorlagen der übersetzten deutschen Sätze manifestiert. Diese von Grund auf „falschen" Sätze, die keinen Ort in der Erfahrung und in der Welt der Lernenden haben, ergreifen mit der Zeit sogar Besitz von der Kompetenz in der Erstsprache vieler Schüler.

Die Kunst des Schreibens

Jeder erfolgreiche Lernende, der die Erfahrung gemacht hat, wie die Phase der falschen Sätze überwunden werden kann, soll diese Erfahrung an die Nachfolgenden weitergeben. Der Schritt von den unechten Sätzen weg zu den „wahren" ist zugleich der Schritt vom schlechten Schreiben zur „Kunst des Schreibens".

Mit „Kunst des Schreibens" ist nichts Gekünsteltes gemeint, sondern einfach der Ausdruck des „Wahren", dessen, was Lernende in einem bestimmten Moment sagen können, was mit ihren Fähigkeiten, ihrer geistigen und emotionalen Verfassung und dem Verständnis ihrer Rolle zur Umwelt übereinstimmt und was von ihnen allein oder in Zusammenarbeit mit den anderen Schülern am Ende des langwierigen Arbeitsprozesses am Text erreicht werden kann.

Es geht also bei diesen Schreibprojekten nicht um das Erproben von stilistischen Varianten, sondern um die Übereinstimmung von Sprechen und Erfahrung, um das Verhältnis von Sprache und Welt.

Der Weg, den die Schüler von Barbiana aufgezeigt haben, um Wirklichkeit und Schreiben in Einklang zu bringen, ist die „Intention auf den Anderen hin", das Schreiben im Gedanken an diejenigen, für die der Text geschrieben wird.

Mittel dazu ist das kollektive Schreiben, wo Schüler unterschiedlichen Alters und unterschiedlicher Fähigkeiten gemeinsam an einem für alle wichtigen Text arbeiten. Nicht selten kam es dabei vor, dass auch jüngere Schüler stilistisch hochwertige Beiträge lieferten. Der Ausgang des kollektiven Schreibprozesses und die Dynamik der Gruppe von Schreibenden ist unvorhersehbar und voller Überraschungen. Konstant ist das Ergebnis, dass alle Teilnehmer der Gruppe von der gemeinsamen Arbeit profitieren, auch wenn ihr persönlicher aktiver Beitrag nur ganz gering gewesen sein mag. In einem Brief an Mario Lodi beschreibt Don Milani den Produktionsprozess der kollektiv verfassten Schülertexte:
„Die Zusammenarbeit und das lange Nachdenken haben einen Brief erschaffen, der, obwohl er ausschließlich von den Jungen stammt, und zwar gleichermaßen von den jüngeren und den älteren, insgesamt eine Reife beweist, die viel höher ist als die jedes einzelnen Autors. Ich erkläre die Sache so: Jeder Junge besitzt einen sehr geringen Wortschatz, den er gebraucht, und einen weiteren Wortschatz, den er sehr gut versteht und dessen Wert er sehr gut einschätzen kann, den er aber nicht so einfach aktiv beherrscht.

Wenn man die 25 Vorschläge der einzelnen Jugendlichen laut vorliest, passiert es immer, dass der eine oder andere (und nicht immer einer der Älteren) ein Wort oder eine Redewendung sehr genau oder sehr glücklich getroffen hat. Alle (die, als sie schrieben, nicht imstande waren, es zu finden) verstehen sofort, dass dieses Wort das beste ist, und möchten es in den kollektiven Text hineinschreiben." (Brink/Thies 1985: 34 f.).

Die Arbeiten der Schüler von Barbiana sind nicht als Schreib*übungen* entstanden, sondern als öffentliche Texte. Jeder Text verdankte seine Entstehung einer ganz bestimmten Intention. Die Intention, Klarheit zu gewinnen für sich und für die anderen. Bei Beginn der Arbeit war in keinem der Fälle das Thema bereits erschöpfend geistig „präsent", mit anderen Worten, die Schüler wussten weder, welchen Standpunkt sie genau vertreten wollten, noch kannten sie die inhaltlichen Einzelaspekte, die sich als wichtig für den Argumentationsgang herausstellen sollten. Aber sie begannen die Arbeit auch nicht völlig unvorbereitet. Wie Don Milani in seinem Brief über das kollektive Schreiben so klar sagt, steht am Anfang des Schreibprojekts eine „Ahnung".

Der ausgefeilteste Text, der auf diese Weise entstand, wurde ausgelöst von toskanischen Feldkaplänen, die in einem Aufruf, der auch von den Kanzeln verlesen worden war, junge Wehrdienstverweigerer als „Feiglinge" bezeichnet hatten. Mit der für sie unbekannten Problematik konfrontiert, begannen die Schüler von Barbiana mit Nachforschungen zum Thema Militärdienst und Wehrdienstverweigerung, die schließlich zur Veröffentlichung des Briefes an die Richter führten.

Don Milani wurde nach der Veröffentlichung des Briefes angeklagt und wäre, wie der Verleger des Buches, verurteilt worden, hätte er den Termin der Urteilsverkündigung noch erlebt. Die Schule von Barbiana und die Technik des kollektiven Schreibens wurden so schlagartig in ganz Italien bekannt.

Der Kern des Schreibens als Gestaltung der Wirklichkeit, als *Kunst des Schreibens*, blieb jedoch unerkannt. In einem Brief an Dina Lovato, eine Lehrerin aus Verona, die ihm diese testamentarisch anklingenden Worte „abverlangt" hatte, legt Don Milani die Hintergründe des Schreibens aber auch das ideale Programm seines eigenen Lebens dar:

„Den ‚Brief an die Richter' haben wir verfasst wie ein Kunstwerk. Leider müssen wir feststellen, dass bei den Hunderten von Briefen, die uns aus Italien und aus dem Ausland erreichen, die wenigsten das gemerkt haben. Alle denken, dass wir hervorragende Ideen haben und nur ganz wenige, vielleicht zwei oder drei Menschen insgesamt, haben erkannt, dass man, um für uns selbst und für die anderen die Gedanken so klar ins Reine zu bekommen, gemeinsam monatelang in harter Arbeit an einigen wenigen Seiten arbeiten muss.

So werden alle schreiben können wie wir, und niemand braucht sich mehr in Ehrfurcht an uns zu wenden, als ob wir von der Gnade berührt wären. Jeder kann, wenn er will, die Gnade erhalten, die Wörter abzuwägen, sie umzuordnen, die Wiederholungen, die Widersprüche, das Unnötige zu streichen, das echteste Wort zu wählen, das logischste, das treffendste, jede Erwägung von Takt, von Interesse, von bürgerlicher Erziehung, von Konvenienz abzulehnen, viele Menschen um Rat zu fragen (was die Wirksamkeit betrifft, nicht die Konvenienz).

Am Ende wird die Sache klar sein für denjenigen, der sie schreibt, und für denjenigen, der sie liest.

Der ‚Brief an die Richter' war ein Geschenk, das wir erhalten und weitergegeben haben. Bevor wir ihn geschrieben hatten, wussten weder ich noch die Jungen über jene Dinge Bescheid. Wir haben sie erahnt, nicht mehr und nicht weniger wie das, wovon Sie selber schreiben: ‚Ich hatte es geschafft, ganz von alleine viele der Dinge zu begreifen...'

Entschuldigen Sie mich, ich bin abgeschweift, ich war gerade dabei, Ihnen eine Lektion zur Kunst des Schreibens zu geben, nach der Sie mich nicht gefragt hatten. Aber es ist so, dass die Kunst des Schreibens die Religion ist.

Der Wunsch, unsere Gedanken auszudrücken und die Gedanken der anderen zu verstehen, das ist die Liebe. Und der Versuch, die Wahrheiten auszudrücken, die wir nur erahnen, lässt sie uns und lässt andere sie finden. Und so ist es, dass Lehrer zu sein, Priester zu sein, Christ zu sein, Künstler zu sein, Liebender zu sein und Geliebter zu sein im Grunde ein und dasselbe ist."

Wenn wir diese Sätze nicht einfach als Hintergrund von persönlichem Engagement eines charismatischen Lehrers in Erinnerung behalten wollen, können wir eine didaktische Umsetzung versuchen, die bei der „Ahnung" ansetzt, von der Don Milani spricht. Aus der Ahnung entspringt das Bedürfnis nach Mitteilung und nach Überwindung der Distanz zu den anderen. Sprechen – und dasselbe könnte auch für das Lernen gelten – entspringt dem Impuls nach einer gezielten Ausrichtung auf den Nächsten.

Nachwort

Ist jetzt, mehr als drei Jahrzehnte nach dem Erscheinen der *Lettera a una professoressa* der Zeitpunkt gekommen, die Erfahrung von Barbiana aufzugreifen und in den Alltag der Jugendlichen von heute einzubringen?

Das Interesse für Sprachen und für die Muttersprache als Mittel emanzipatorischer Erziehung, aber auch ungewohnte Aspekte des Lernens wie das kollektive Schreiben und das gemeinsame Arbeiten, das wir heute als *peer assessment* wieder entdeckt haben, dazu der souveräne Umgang mit unverzichtbarer Unterrichtstechnologie, alle diese Einzelaspekte formen sich zu einem Gesamtbild, das auf vielfältige Weise in die Gegenwart hineinleuchtet.

Die Verbreitung des Neuen kann nicht mit Radikalkuren oder mit programmatischen Umschulungsversuchen auf breiter Basis erfolgen. Neue Methoden brauchen eine passende Lernumgebung; man kann die veränderte Haltung zur Sprache und zur Sprechsituation den Lernenden nicht einfach einimpfen. Die neue *unverschulte*, das heißt, der Verschulung abgerungene, Haltung wird in einzelnen Momenten erfahren und von Lernenden, die sie erfolgreich angenommen haben, weitergegeben.

Die Lernenden sollen einfach dazu geführt werden, ihre individuellen Erfahrungen beim Spracherwerb mit authentischen Texten in informalen und stressfreien Momenten des Austausches mit *peers* weiterzuführen.

Die Lernenden beginnen damit, dass sie sich darüber Gedanken machen, wem sie in der jeweiligen Phase ihrer Arbeit von Nutzen sein können. Lernen wird nicht primär als Wissenserwerb betrachtet, sondern als kommunikatives Handeln, das auf andere Menschen hin ausgerichtet ist.

Die unerwartete Aufgabe, schon im allerersten Stadium des Sprachkontaktes eigene Texte schreiben zu müssen, soll die Lernenden zu

Höchstleistungen in ihrer Muttersprache herausfordern, in der Hoffnung, dass sich dieser Elan auch auf die Leistungen im Deutschen auswirken wird. Die italienische Zusammenfassung des Textes wird als pragmatische Aufgabe gestellt, sagen wir – ich wähle ein Beispiel aus Südtirol –, um den deutschsprachigen Schülern der Nachbarschule, die Italienisch als Zweitsprache lernen, zu helfen. Den Lernenden in der Nachbarschaft soll aber nicht irgend ein rasch hingeschriebener Text, sondern die bestmögliche Version vorgelegt werden, also ein Text, an dem alle Teilnehmer der Gruppe intensiv gearbeitet und gefeilt haben und den sie gemeinsam verantworten.

Diese Texte können in der Pause im Schulhof weitergereicht oder aber auf einem allgemein zugänglichen Server deponiert werden. Das Interface für solche Begegnungen erhält den spontan gefundenen Namen SPRACHEN-PORTAL.

Die Metapher schöpft ihre Kraft nicht aus dem Bereich der Technologie sondern aus der gleichrangigen Präsenz der Teilnehmer, die das Portal aufsuchen. Jeder übernimmt die Verantwortung für den Bereich, den er am besten beherrscht, und vertraut den anderen, mit denen er in Kontakt tritt. Sie können um die Ecke wohnen oder in Berlin oder in Prag.

Bevor ich frage, wer hilft mir und was bekomme ich, gebe ich, was ich selbst beitragen kann. Wenn wir auch (noch) nicht miteinander arbeiten, so auf jeden Fall schon füreinander.

Hauptziel ist nicht, dass jemand unsere Texte liest, um die Fehler zu korrigieren. Wie wir alle wissen, sind die wenigsten Lernenden imstande, die eigenen Fehler zu erkennen. Es nützt also recht wenig, die eigenen korrigierten Arbeiten zu lesen. Also lassen wir die Fehler ruhig dort, wo sie sind, und machen weiter.

Ziel der Zusammenarbeit ist der Austausch selbst geschriebener – *gut geschriebener* – Texte in mehreren Sprachen. Auch eine effiziente englische Zusammenfassung eines italienischen oder eines deutschen Textes ist nützlich und sinnvoll. Das gilt ebenso für Türkisch und Arabisch. Entscheidend ist dabei die Haltung des Lernenden, nicht der tatsächlich erfolgte Austausch der Texte oder der Lernerfahrungen.

Die Kontakte dienen dem Lernen und den Lernenden. Wer diese Kontakte sucht, handelt in der Rolle eines autonom motivierten und selbstständig handelnden Lernenden. Zu dieser Haltung passt der unbeschwerte Umgang mit den technischen Hilfsmitteln, die von Fall zu Fall hilfreich sind. Als es in der Schule von Barbiana noch keinen elektrischen Strom gab, erhielten die Schüler Sprachkurse auf Schallplatten, die mit einem batteriebetriebenen Plattenspieler abgespielt wurden. Der notwendigen Technologie wird ein Platz im normalen Tagesablauf eingeräumt, wo sie unauffällig bereit steht, um bei Bedarf genutzt zu werden.

Auf ähnliche Weise erhalten unsere Studenten Zugang zur Corpusanalyse und zur Erforschung von Paralleltexten, also zu Arbeitsinstrumenten, die in anderen Arbeitsumgebungen den professionellen Übersetzern vorbehalten sind (Bernardini 2000, Aston 2001). Um mit den gängigen Suchinstrumenten im Internet erfolgreich Parallelstellen oder weiterführende Texte zu finden, die auch Anfängern gute Dienste leisten, genügt eine Einführung von wenigen Minuten. Mit geeigneten Suchbeispielen können in kurzer Zeit auch die Parameter für die „Erweiterte Suche“ und die Grundbegriffe der Corpusanalyse erklärt werden.

Die Arbeitsanleitungen für die Benutzung der Software und die ersten Erfahrungen mit der Corpusanalyse werden von den Lernenden in ihr Sprachcurriculum eingebunden und für die Weitergabe an andere Lernende zusammengefasst.

Jeder von Lernenden geschriebene Text drückt die Teilnahme des Verfassers an den Lernerfahrungen anderer Lernender aus. Wer diese Texte liest, macht sich als Leser dieselbe Erfahrung zu eigen, die er in anderen Momenten als Verfasser der eigenen Texte weitergeben wird.

Kein Text ist garantiert fehlerfrei, aber alle Texte sind so gut geschrieben, wie es den Lernenden in der Gruppe eben möglich war. Die Lernenden machen dabei die Erfahrung, dass sie den Kontakt zu den Mitlernenden brauchen, dass die Arbeit in einer Gruppe die individuellen Beiträge erst zur Entfaltung bringt. Das gilt auch für das Schreiben in der Muttersprache.

Da alle Texte als Gruppenarbeit in Form von Zusammenfassungen in (mindestens) zwei Sprachen entstehen, wird eine mit der Zeit immer solidere Barriere gegenüber dem Übersetzen errichtet. Jeder Text ist ein Original in der gerade verwendeten Sprache.

Die Lernenden wissen: „Unsere Texte in der Zweitsprache werden von anderen Lernenden gelesen. Sie verkümmern nicht auf einem

Blatt Papier in Erwartung der roten Tinte des Lehrers. Wir schreiben daher so gut wir können. Dazu brauchen wir Modelle. Die suchen wir."

Die Vielfalt unterschiedlicher Texte ist der Boden für die Erweiterung der Sprachkompetenz – die Teilhabe an den Sprechhandlungen einer ständig wachsenden *Learning Community*, die die Lernenden von den ersten Schritten bis zum jeweils höchsten Grad ihrer individuellen Sprachkompetenz begleitet.

Nachwort zur zweiten Auflage

In dem Jahr, das seit dem Erscheinen des Buches vergangen ist, gab es des öfteren Gelegenheit, die Ergebnisse der Arbeit zusammenzufassen und mit Lehrerinnen und Studentinnen zu besprechen. Als Quintessenz dieser Diskussionen zeigt sich die Frage nach der Anwendbarkeit, nach Anregungen, die den Alltag in der Schule und an der Universität verändern könnten. Die Antwort auf dieses drängende Fragen mag vielen unbefriedigend scheinen, aber ich möchte sie hier mit aller Klarheit erneut so geben: Wir kennen heute die psychologischen und kognitiven Grundlagen des (erfolgreichen) Sprachenlernens viel besser als noch vor einigen Jahrzehnten und bald werden die mit neuen Methoden gewonnenen Ergebnisse der neurologischen Forschung hinzukommen. Wir wissen heute viel mehr als früher, aber die Probleme der Umsetzung in die Praxis bleiben bestehen, denn es gibt keine allgemein gültige Formel dafür, wie unser Wissen über die Sprachverarbeitung und das Lernen von Sprachen in erfolgreiche Lernstrategien umgesetzt werden könnte.

Wenn wir auch den Weg nicht eindeutig vorgeben können, so steht das Ziel heute doch mit großer Klarheit vor uns. Sprachen im Gebrauch begegnen uns – mündlich und schriftlich – in Form von Texten. Ziel jeden Spracherwerbs ist daher der Erwerb von Textkompetenz (grundlegend: Portman-Tselikas 2002).

Sprachen werden in Form von Texten erfahren, deren Produktion und Rezeption zum größten Teil unbewusst erfolgt. Bewusst erreichbar ist allein – das ist die grundlegende Hypothese meiner Arbeit – eine übergeordnete Ebene der „Steuerung", die in letzter Instanz in der „Intention" des Sprechens wurzelt. Didaktische Umsetzungen haben daher bei der Verknüpfung von Intention und Textebene anzusetzen.

Die Verknüpfung von Intention und Text ist wissenschaftlich begründet in der Psycholinguistik und in der Textlinguistik und geht auf Forschungsansätze der 60er Jahre des vorigen Jahrhunderts zurück. Neuere Forschungen auf dem Gebiet der Kognitionswissenschaften bestätigen die älteren Hypothesen und machen „schlagartige Verbesserungen" der sprachlichen Leistungen von Lernenden, wie ich sie im Laufe meiner didaktischen Tätigkeit erlebt habe, vor dem wissenschaftlichen Hintergrund der jüngsten Forschung plausibel.

Die rasche, unerwartete Verbesserung sprachlicher Leistungen kann aber auch vor dem Hintergrund der langwierigen Arbeitsanstrengung des kollektiven Schreibens erklärt werden, von der Don Milani in seinem Brief spricht (siehe unten, S. 107-110). Ich sehe im mühsamen Erreichen des Ziels, gut zu schreiben, das die Arbeiten der Schüler von Barbiana charakterisiert, und in den raschen Verbesserungen vieler Lernender in unseren Kursen an der Universität keinen Gegensatz. Die hervorragenden Texte der Lernenden sind auf eine „Intention auf den Text hin" zurückzuführen, die im Kern genau der „Intention auf den Anderen hin" entspricht, die den Schreibprojekten der Schule von Barbiana zu Grunde liegt. Die „guten" Texte der Lernenden erweisen sich dabei als Aktualisierungen einer latent vorhandenen Fähigkeit, die im Moment des ersten Schreibens durch eine Barriere von der Erfahrung des den Text produzierenden Menschen abgetrennt war. Wird diese Trennung aufgehoben, kommen unvorhersehbare Prozesse in Gang, deren Ergebnisse als „gute" Texte sichtbar werden.

Dass es sich bei dieser „Kunst des Schreibens" (Don Milani), dem Schreiben in Gedanken an einen Adressaten, nicht um eine Metapher handelt, sondern um einen universellen Prozess sprachlicher Kompetenz, zeigen jetzt auch die vielen analogen Fälle, die beim Schreiben in der Muttersprache Deutsch nachgewiesen werden können.

Was befähigt eine junge Lernende, die bei der Aufnahmeprüfung eine Arbeit mit 20 Sprachfehlern abliefert, wenige Wochen später einen hervorragend komponierten, fehlerfreien Text zu verfassen? Mein persönlicher Beitrag zu einer derartigen „Wandlung" bestand einfach darin, an das Potential der Studentin geglaubt und den Leistungsschub vorhergesehen zu haben. Die Vorhersage gründet in der Analyse des fehlerhaften Textes, der die typischen Eigenschaften von Texten aufwies, die von verunsicherten Dialektsprecherinnen stammen, wenn von ihnen unter Prüfungsbedingungen, d. h. unter Stress, eine „fremde" schriftliche Arbeit verlangt wird. So im Fall des Aufsatzes zum Thema: „Worin bestehen für Sie die wichtigsten Bildungsaufgaben für Kindergarten und Grundschule", der mit dem Satz beginnt: „Kindergarten und Grundschule sollten bestimmte Bildungsaufgaben beinhalten."

In der Folge ist vom „Essen mit der Gabel und den Tischmanieren" die Rede, davon, dass Kinder „alltäglich Aufgaben erproben und verbessern" sollten und eine Fülle weiterer Abweichungen von den sprachlichen Konventionen auf dem Gebiet der Kollokationen und der idiomatischen Wendungen.

Nach der kurzen Einführung in die Problematik von Kollokationen, vor allem in Hinblick auf (quasi-)idiomatische Verb-Gefüge mit Nominalgruppen, bei der nur einige wenige Einzelfälle besprochen wurden, bekamen die Lernenden die Aufgabe, eine Sprachbiographie zu schreiben. Die Absicht war dabei, ihnen ein Thema zu stellen, bei dessen Abhandlung die bekannte Welt mit ihren sprachlichen Traditionen die Suche nach vertrauten Ausdrücken erleichtern würde.

Die Überarbeitungsstrategie, die bei der Korrektur früherer Arbeiten geübt worden war, sollte nun auch beim Schreiben des neuen Textes genutzt werden: das Überprüfen suspekter Ausdrücke in Hinblick auf den Grad der Vertrautheit. Unvertrautes sollte in eine vertraute(re) Sprechsituation „übersetzt" und in der gut bekannten situativen Umgebung erneut überprüft werden.

Die Kombination einer Themenwahl aus bekanntem Umfeld mit einer leicht anwendbaren Strategie der Überprüfung von Einzelfällen führte durchwegs zu deutlichen Verbesserungen in Komposition, Stil und Ausdruck.

Die Studentin, deren Aufnahmeprüfung durch 20 Fehler aufgefallen war, legte zusätzlich zur Sprachautobiographie einen weiteren Text zur Beurteilung vor, den sie, wie sie später erklärte, für einen Freund geschrieben hatte:

> Das Unbekannte erforschen und begreifen
> Vor allem bei Kindern im Grundschulalter greift heutzutage ein linear aufbauendes Verständnis von Lernen insgesamt und auch im Bereich des Bewegungslernens zu kurz. Traut man den weit verbreiteten Methodikbüchern zum Lernen von Bewegungen, so wird im Wesentlichen in Schritt-für-Schritt-Reihen, fast problemlos gelernt. Lernen ist die Folge von Lehren. Diese Vorstellungen von Lernen übersehen weitgehend den subjektiven Anteil des Lernenden am Lernprozess auf der Grundlage seiner eigenen Lern- und Lebensgeschichte. [...].

Schon der erste Satz läßt aufhorchen: „Vor allem bei Kindern im Grundschulalter greift heutzutage ein linear aufbauendes Verständnis von Lernen insgesamt und auch im Bereich des Bewegungslernens zu kurz". Wie kann eine Studentin, die kurz zuvor noch formuliert, „Die Grundschule sollte bestimmte Bildungsaufgaben beinhalten" das ihr sicher bis zu diesem Moment unvertraute Syntagma „zu kurz greifen" so souverän in einem neuen Kontext verwenden? Sie hat den Satz nicht einfach kopiert, war jedoch imstande, den neuen Ausdruck mit großer Sicherheit zu verwenden, da er genau das sagt, was sie an diesem Punkt sagen wollte.

An dieser Erklärung ist allein das „genau" zu relativieren, denn der Aneignungsprozess verläuft – so meine Hypothese – eben nicht „genau", sondern über einen Prozess des Verstehens mit unscharfen Grenzen. Der für den aktiven Wortschatz neu hinzu gewonnene Ausdruck wird keiner semantischen Feinanalyse unterzogen, sondern in seiner Funktion im Kontext als Beispiel, als Prototyp seiner Verwendbarkeit erfahren. Verstehen mit dem Ziel, das Verstandene wieder zu verwenden, gelingt auch in Form einer Annäherung an das Gemeinte, dann nämlich, wenn der sprachliche Ausdruck beim ersten Rezipieren als Beispiel für die Verwendbarkeit in einer präzisen Sprechsituation erfahren wurde.

Das Verständnis, das man braucht, um eine unvertraute sprachliche Wendung in einen neuen Kontext einzusetzen, ist ein anderes als das Verständnis, das von der Schule und im Kontext des Übersetzens verlangt wird. Lernen um seiner selbst willen, um Gelerntes später, bei Prüfungen, wiederzugeben, kann sich hingegen nicht einer solchen Strategie anvertrauen, die ja mit einem markanten Unsicherheitsfaktor behaftet ist.

In der unbewusst gewählten Strategie des Verstehens und Verwendens von Sprache als Erfahrung prototypischer Verwendbarkeit, die vom Gebrauch, in diesem Fall also vom Kontext des „gut" komponierten Textes gesteuert wird, liegt wahrscheinlich der Schlüssel zum Verständnis der unglaublich erscheinenden Verbesserungen der Schreibleistungen, von denen in meinem Buch die Rede ist.

Was bei solchen Fällen zu Tage tritt, ist die Überwindung einer Barriere, die zuvor zu einer Erstarrung der Sprachkompetenz geführt hat. Vielleicht können Strategien, die sich als nützlich erweisen, derartige Erstarrungen zu beheben, auch dazu dienen, Wege zu Lernprozessen aufzuzeigen, die solche Erstarrungen und Fossilisierungen von vornherein zu vermeiden helfen.

Als Mittel dazu dient die Erinnerung an eigene oder fremde „geglückte" Sprechakte. Die Erinnerung muss stimuliert werden, das heißt, es muss nach Belegen für die Verwendung gesucht werden, die den Lernenden als authentische Beispiele für den Gebrauch des Ausdruck in Erinnerung sind. Gesucht wird im eigenen Gedächtnis, aber auch im Internet, mit Hilfe von Google oder einer anderen Suchmaschine.

In ihrer Sprachbiographie schrieb die Studentin: „Als kleines Kind hatte ich große Schwierigkeiten mich anderen Menschen wörtlich mitzuteilen." Die Suche im eigenen Gedächtnis nach einem authentischen Beleg für „wörtlich" ergab: „er hat das wörtlich gesagt: genau mit diesen Worten", eine als authentisch erkannte Verwendung, die im Gedächtnis der Studentin verankert war und die sich jedoch als inkompatibel mit dem Kontext der schriftlichen Arbeit erwies. Es folgte die Spontankorrektur, das Wort wurde einfach gestrichen.

Diese Suche geht so vor sich, als würde Google auf das eigene Langzeitgedächtnis angesetzt. Wie bei der Suche im Internet müssen auch bei der Suche im eigenen Gedächtnis die Suchergebnisse aufmerksam gelesen, gefiltert und überprüft werden. Die gezielte Suche nach übereinstimmenden oder divergierenden Beispielen geglückter Sprechakte steigert so die Wahrnehmung und die Aufmerksamkeit der Lernenden.

Die Aufmerksamkeit zu schärfen für sprachliche Zweifelsfälle und deren Klärung mit Hilfe gezielten Suchens, welches wiederum die Aufmerksamkeit schärft für Feinheiten des Sprachgebrauchs, sind zweifellos Ziele, die mittels der Vorgabe von innovativen Arbeitsstrategien anzustreben sind. Wir sind dem Ziel der effizienten Didaktik damit vielleicht einen Schritt näher gekommen, aber es bleibt noch viel zu tun.

Aufmerksamkeit, diesen Schlüsselbegriff erfolgreicher didaktischer Praxis, wann je setzen wir ihn wirklich in die Tat um? Ob wir nun im Alltag des Unterrichts Aufmerksamkeit einfach voraussetzen oder ob wir sie mit großer Entschiedenheit fordern, so riskieren wir doch immer wieder, gerade die Nuancen aus dem Blick zu verlieren, die wesentlich sind dafür, dass Aufmerksamkeit didaktisch produktiv wird, Nuancen, die Paul Valéry in einer Anmerkung in den *Cahiers* (Valéry 1992: 607) unübertrefflich genau beschreibt:

„Die Kunst des Erziehenden besteht darin, Aufmerksamkeit zu schaffen, sie freiwillig werden zu lassen, ihren Aufbau zu ermöglichen; sobald sie vorhanden ist, sie zu bewahren, ihre Funktionsweise zu kontrollieren und ihre Anwendung zu begrenzen. Man muß ihr schonend die *entsprechende* Nahrung geben – nie zu viel, nie zu wenig, ihr ein Ziel stecken und sicherstellen, daß es angestrebt wird.“

Literatur

Alfes, I. (1989) „Preventive teaching – zu einem vernachlässigten Aspekt der Wortschatzarbeit", *Neusprachliche Mitteilungen*, 42, 77–83.

Altmann, H./A. Batliner/W. Oppenrieder (Hrsg.) (1989) *Zur Intonation von Modus und Fokus im Deutschen*. Tübingen: Niemeyer.

Aston G. (ed) (2001) *Learning with corpora*, Bologna, Cooperativa Libraria Universitaria Editrice.

Auer, P./E. Couper-Kuhlen (1994) „Rhythmus und Tempo konversationeller Alltagssprache", *Zeitschrift für Literaturwissenschaft und Linguistik*, 96, 78–106.

Auer, P./S. Uhmann (1988) „Silben- und akzentzählende Sprachen. Literaturüberblick und Diskussion", *Zeitschrift für Sprachwissenschaft*, 7/2: 214–259.

Austin, J. L. (1962) *How to Do Things with Words,* Oxford, Clarendon.

Bernardini, S. (2000) *Competence, capacity, corpora*, Bologna, Cooperativa Libraria Universitaria Editrice.

Bertinetto, P. M. (1977) „Syllabic Blood ovvero l'italiano come lingua ad isocronismo sillabico", *Studi di Grammatica Italiana*, 6, 69–96.

Bertinetto, P. M. (1981) *Strutture prosodiche dell'italiano. Accento, Quantità, Sillaba, Giuntura, Fondamenti metrici.* Firenze: presso l'Accademia della Crusca.

Bertinetto, P. M. (1989) „Reflections on the Dichotomy 'Stress' vs. 'Syllable-Timing'", *Revue de Phonétique Appliquée*, 91–93: 99–130.

Bertinetto, P. M. (1989b) „Syllabic Isochronism in Italian and English", *Quaderni del Laboratorio di Linguistica. Scuola Normale Superiore di Pisa*, 3: 9–16.

Bertinetto, P.M./E. Magno-Caldognetto (1993) „Ritmo e intonazione" in: Sobrero, 1993/1: 141–192.

BETTONI, C. (2001) *Imparare un'altra lingua*, Laterza, Bari

BOLINGER, D. „Meaning and memory", *Forum linguisticum* 1, 1976, 1–14.

BOLINGER, D. W. (ed.) (1972) *Intonation,* Harmondsworth, Penguin.

BOLINGER, D.W. (1978) „Intonation across Languages" in: GREENBERG, J.H. (ed.) *Universals of Human Language*, Stanford, Stanford University Press. Vol. 2, 471–525.

BÖRNER, W./K. VOGEL (Hg) (1977) *Kognitive Linguistik und Fremdsprachenerwerb. Das mentale Lexikon*, Tübingen, Narr.

BRAMMERTS, H. (2001) *Language Learning in Tandem Bibliography* http://www.slf.ruhr-uni-bochum.de/learning/idxdeu11.html.

BRINK L./L. THIES (1984) *Nachforschungen in Barbiana*, Weinheim und Basel, Beltz.

BROWN, R. (1973) *A First Language. The Early Stages,* Cambridge, Mass., Harvard University Press.

BÜHLER, K. (1934) *Sprachtheorie. Die Darstellungsfunktion der Sprache.* Stuttgart/New York: Fischer.

BUTTARONI, S. (1997) *Fremdsprachenwachstum. Sprachpsychologischer Hintergrund und didaktische Anleitungen*, München, Hueber.

CAUNEAU, I. (1992) *Hören – Brummen – Sprechen. Angewandte Phonetik im Unterricht Deutsch als Fremdsprache*. München: Klett.

CERUTI, M. (1986) *Il vincolo e la possibilità*. Milano, Feltrinelli.

CISCATO GASPARELLA, M. T. (1982) *Mario Lodi e la parola liberata*, Verona, Morelli Editore.

CLAHSEN, H. (1984) „The Acquisition of German Word Order: A Test Case for Cognitive Approaches to L2 Development", in: ANDERSEN, R. W. (ed.) *Second Languages. A Cross-Linguistic Perspective*, Rowley Mass., Newbury House, 219–242.

CLARK, A. (1998) *Being There: Putting Brain, Body and World Together again,* New York, Bradford Books.

COSENZA, G. (1997) *Intenzione, significato, comunicazione. La filosofia del linguaggio di Paul Grice*. Bologna, CLUEB.

COSERIU, E. (1980) *Interdisciplinarità e linguaggio*, C. BRAGA (Hg.) *Accostamento interdisciplinare allo studio del linguaggio,* Milano, Angeli, 43–66.

DAMASIO, A. R. (1994) *Descartes' Error. Emotion, Reason and the Human Brain*. New York, Putnam.

DAMASIO, A. R. (2000) *Ich fühle, also bin ich. Die Entschlüsselung des Bewusstseins*, München, List.

DE MAURO, T. (1972) *Storia linguistica dell'Italia unita*, 3. edizione, Bari, Laterza.

DE MAURO, T. (1975) *Scuola e linguaggio. Questioni di educazione linguistica*, Roma, Editori Riuniti.

DE MAURO, T. (1977) *Scuola e linguaggio*, Roma, Editori Riuniti.

DE MAURO, T./LODI, M. (1979) *Lingua e dialetti*, Roma, Editori Riuniti.

DEACON, T. (1997) *The Symbolic Species. The Co-evolution of Language and the Human Brain*. London, Penguin.

DIETRICH, R./W. KLEIN/C. NOYAU (eds.) (1995) *The acquisition of temporality in a second langugage,* Amsterdam, Benjamins.

DON MILANI, *L'obbedienza non è più una virtù*, Documenti del processo di don Milani, Firenze, Libreria Editrice Fiorentina, 1978.

DRUMBL, J. (1977) „Didattica delle lingue straniere: novità e problemi", in: G. BERRUTO (ed.) *Scienze del linguaggio ed educazione linguistica*, Torino, Stampatori, 219–240.

DRUMBL. J. (1990) „Educazione linguistica", *Enciclopedia Pedagogica* diretta da Mauro Laeng, Brescia, Editrice La Scuola, vol. IV, 7001–5.

DRUMBL, J. (1993) „L'Insegnamento delle lingue: che cosa possiamo imparare dai metodi alternativi?", *L'analisi linguistica e letteraria,* 1, 195–204.

DRUMBL, J (2001a) „Ein konstruktivistisches Lernmodell für Deutsch als Fremdsprache. Erfahrungen in Italien 1975–2000", J. MEIXNER/K. MÜLLER (Hrg) (2001), 125–144.

DRUMBL, J. (2001b) „Bausteine zur Theorie und Praxis des Fremdprachenerwerbs", PORTMANN-TSELIKAS P.R./S. SCHMÖLZER-EIBINGER (Hg.) *Grammatik und Sprachaufmerksamkeit,* Studien Verlag, Innsbruck.

DRUMBL, J./F. MISSAGLIA, (1997) „Prosodie und Inferenz in zweisprachiger Lernumgebung. Neue Ansätze für Deutsch als Fremdsprache in Italien", *L'analisi linguistica e letteraria*, V, 391–418.

EDELMAN, G. M. (1992) *Bright Air, Brilliant Fire: On Matter of the Mind,* New York, Basic Books.

EDELMAN, G. M./G. TONONI (2000) *Un universo di coscienza,* Einaudi, Torino.

EDMONDSON, W./HOUSE, J. (1997) *Language Awareness. Fremdsprachen Lehren und Lernen.* Tübingen, Narr.

EGGER, K./M. LARDSCHNEIDER-MCLEAN (2001) *Dreisprachig werden in Gröden*, Bozen, Istitut Pedagogich Ladin.

EHLICH, K. (1996) *Kindliche Sprachentwicklung. Konzepte und Empirie*, Opladen, Westdeuscher Verlag.

ELLIS, R. (1984) *Classroom Second Language Development,* Oxford, Pergamon.

ELLIS, R. (1989) „Are classroom and naturalistic acquisition the same? A study of the Classroom Acquisition of German word order rules", *Studies in Second Language Acquisition,* 11, 305–328.

ELLIS, R. (1994) *The Study of Second Language Acquisition,* Oxford, Oxford University Press.

ELSEN, H. (1999) *Ansätze zu einer funktionalistisch-kognitiven Grammatik. Konsequenzen aus Regularitäten des Erstspracherwerbs,* Tübingen, Niemeyer

FOERSTER, H. V. (1993) *Wissen und Gewissen. Versuch einer Brücke.* Hrsg. von Siegfried J. Schmidt, Frankfurt am Main, Suhrkamp.

FREINET, C. (1962) *Una moderna pedagogica del buon senso*. Introduzione, traduzione e scelta di Giuseppe Tamignini, Roma, La Nuova Italia.

FREIRE, P. (1973) *Pädagogik der Unterdrückten, Bildung als Praxis der Freiheit*, Reinbek, Rowohlt.

GATTEGNO, C. (1972) *Teaching Foreign Languages at School: The Silent Way*, New York, Educational Solutions.

GATTEGNO, C. (1987) *The Science of Education. Part 1: Theoretical Considerations*, Reading, Educational Solutions.

GAZZANIGA, M. S. (1998) „The Split Brain Revisited", *Scientific American*, July 1998, 34–39.

GENESEE, F. (1994) „Integrating Language and content: Lessons from Immersion", *Educational Practice Report 11*, Washington, DC, Center for Applied Linguistics.

GENESEE, F. (Ed) (1994) *Educating Second Language Children:The Whole Child, The Whole Curriculum, the Whole Community*, New York, Cambridge University Press.

GESUALDI, F./J.L. CORZO TORAL (1992) *Don Milani nella scrittura collettiva*, Torino, Edizione Gruppo Adele.

GIACALONE RAMAT, A. (1986) *L'apprendimeno spontaneo di una seconda lingua,*. Bologna, Il Mulino.

GIACALONE RAMAT, A. (Ed) (1988) *L'italiano tra le altre lingue: strategie di acquisizione*. Bologna, Il Mulino.

GIACALONE RAMAT, A. (ed.) (1994) *Italiano lingua seconda/lingua straniera*. SLI 34. Roma, Bulzoni.

GOETHE, J. W. v. (1803) Regeln für Schauspieler § 63. In GOETHE, Berlin, Aufbau Verlag, 1970, Bd. 17, S. 99.

GRICE, H.P. (1989) *Studies in the Ways of Words*, Cambridge, Mass., Harvard University Press.

GROPPO, M. *et alii* (1999) *La psicologia culturale di Bruner. Aspetti teorici ed empirici,* Milano, Raffaello Cortina Editore.

HALLIDAY, M.A.K. (1968) *Language Structure and Language Function,* in: J. LYONS, *New Horizons in Linguistics*, Harmondsworth, Penguin.

HALLIDAY, M.A.K. (1985) *Introduction to Functional Grammar,* London, Edward Arnold.

HENTIG, H. v. (1981) *Die Rehabilitierung der Erfahrung in der Pädagogik*. Wissenschaftskolleg. Institute for Advanced Study zu Berlin. Jahrbuch 1981/82. Hg. von Peter Wapnewski. Quadriga Verlag.

HOFSTADTER, D. R. (1997) *Le Ton beau de Marot. The Praise of the Music of Language*, London, Bloomsbury.

HORNUNG, A. (1997) „Führen alle Wege nach Rom?. Über kulturspezifische Zugangsweisen zu Schreibprozessen", in ADAMZIK, K./G. ANTOS/E.M. JAKOBS (Hrsg.) *Domänen- und kulturspezifisches Schreiben*, Frankfurt am Main, Lang, 71–99.

HORNUNG, A. (2002) *Zur eigenen Sprache finden*, Tübingen, Niemeyer.

HOWARD, D./FRANKLIN, S. (1988) *Missing the Meaning? A Cognitive Neuropsychological Study of the Processing of Words by an Aphasic Patient*, Cambridge, Mass./London, MIT Press.

JOHNS T. (2001) [http://www.bham.ac.uk/johnstf/].

JOHNSON-LAIRD, P.N. (1983) *Mental Models. Towards a Cognitive Science of Language, Inference, and Consciousness,* Cambridge, Mass., Harvard University Press.

KAUNZNER, U. A. (ed.) (1997) *I suoni del tedesco. Deutsche Aussprache für italienischsprachige Lerner*, Bologna, CLUEB.

KAUNZNER, U. A. (2000) (ed..) *Pronunciation and the Adult Learner: Limitations and Possibilities*, Bologna, CLUEB.

KLEIN, W./C. PERDUE (Eds.) (1992) *Utterance Structure. Developing Grammars again*, Benjamins, Amsterdam.

KLEIN, W./N. DITTMAR (1979) *Developing Grammars. The Acquisition of German Syntax by Foreign Workers*, Berlin, Springer.

KLEIN, W. (1984) *Zweitspracherwerb. Eine Einführung,* Athenäum, Königstein/Ts.

KLEIN, W. (1999) „Die Lehren des Zweitspracherwerbs", DITTMAR, N./A. GIACALONE RAMAT (Hg.) *Grammatik und Diskurs. Studien zum Erwerb des Deutschen und Italienischen*, Tübingen, Stauffenburg, 279–290.

KRASHEN, S. D. (1981) *Second Language Acquisition and Second Language Learning,* New York, Pergamon.

KRASHEN, S.D. (1982) *Principles and Practice in Second Language Acquisition,* New York, Pergamon.

KRASHEN, S.D. (1985) *The Input Hypothesis: Issues and Implications.* London: Longman.

KRASHEN, S.D. (1994) „The Input Hypothesis and its Rivals", N. ELLIS (ed.) *Implicit and Explicit Learning of Languages,* London, Academic Press, 45–77.

KUHL, P. (1991) „Human adults and human infants show a 'perceptual magnet effect' for the prototypes of speech categories, monkeys do not", *Perception and Psychophysics* 50, 93–107.

LANGER, A. (1995) *Il viaggiatore leggero: scritti 1961–1995*, a cura di Edi Rabini, Palermo, Sellerio.

LEONT'EV, A. A. (1971a) *Sprache, Sprechen, Sprechtätigkeit,* Stuttgart, Kohlhammer.

LEONT'EV, A. A. (1971b) „Einige psycholinguistische Aspekte der Anfangsetappe bei der Spracherlernung", *Deutsch als Fremdsprache*, 3, 151–155.

LEVELT, W. J. M. (1992) „Accessing Words in Speech Production: Stages, Processes and Representations", *Cognition*, 42, 1–22.

LEVELT, W. J. M. (1993) „Lexical Selection, or how to Bridge the Major Rift in Language Processing", F. BECKMANN/G. HEYER (Eds.) *Theorie und Praxis des Lexikons,* de Gruyter, Berlin, 164—172.

LICATA, G. (1975) „Tempo cento ore: cambiate lingua", *Corriere della Sera*, venerdì 26/9/1975, 3.

LIEBERMAN, PH. (1967) *Intonation, Perception and Language*, Cambridge, Mass., MIT Press.

Lieberman, P. (1991) *Uniquely Human: The Evolution of Speech, Thought, and Selfless Behavior;* Cambridge, Mass., Harvard University Press.

Lieberman, P. (2000) *Human Language and our Reptilian Brain: The Subcortical Bases of Speech, Syntax and Thought*, Cambridge, Mass., Harvard University Press.

Liverta Sempio, O. (eds.) (1998) *Vygotskij, Piaget, Bruner. Concezioni dello sviluppo,* Milano, Raffaello Cortina Editore.

Lodi, M. (1963) *C'è speranza, se questo accade al Vho,* Torino, Einaudi.

Lodi, M. (1977) *Cominciare dal bambino, scritti didattici, pedagogici e teorici*, Torino, Einaudi.

Lodi, M. (1995) *Il paese sbagliato. Diario di un'esperanza didattica,* Torino, Einaudi.

MacLure, M., & French, P. (1981) „A Comparison of Talk at Home and at School", G. Wells (ed.) *Learning through Interaction: The Study of Language Development,* Cambridge, MA: Cambridge University Press, 205–239.

Marconi, D. (1996) *Lexical Competence, Cambridge*, Mass., MIT Press.

Martinelli E. *et alii* (1998) *Progetto Lorenzo. Il Maestro*, Firenze, Centro Documentazione Don Lorenzo Milani e Scuola di Barbiana.

Mayr, E. (1984) *Die Entwicklung der biologischen Gedankenwelt. Vielfalt, Evolution und Vererbung.* Übersetzt von K. De Sousa Ferreira, Berlin u.a. Springer-Verlag, 662–684.

Meisel, J. M. (1986) „Word Order and Case Marking in Early Child Language. Evidence from Simultaneous Acquisition of Two First Languages: French and German", *Linguistics,* 24, 123–183.

Meixner, J. (1999) *Konstruktivismus und die Vermittlung produktiven Wissens,* Neuwied, Luchterhand.

Meixner, J./K. Müller (Hrsg.) (2001) *Konstruktivistische Schulpraxis. Beispiele für den Unterricht,* Neuwied, Luchterhand.

Milani, L. (1957) *Esperienze pastorali*, Libreria Editrice Fiorentina.

Milani, L. (1980) *Die Schülerschule. Brief an eine Lehrerin*, aus d. Ital. übers. von Alexander Langer u. Marianne André. Mit einem Vorwort von Peter Bichsel, Berlin, Wagenbach.

MILANI, L. (1990) *Alla mamma. Lettere 1943–1967*. Edizione integrale annotata, a cura di Giuseppe Battelli, Marietti, Genova.

MISSAGLIA, F. (1997) *Studi sul bilinguismo 'scolastico' italiano-tedesco.* Brescia, La Scuola Editrice.

MISSAGLIA, F. (1999) *Phonetische Aspekte beim Erwerb von Deutsch als Fremdsprache durch italienische Muttersprachler*, Frankfurt am Main, Hector.

MISSAGLIA , F. (1999b) „Contrastive Prosody in SLA: An Empirical Study with Italian Learners of German", *Proceedings of the XIV ICPhS*, San Francisco, vol. 1, 551–554.

MONASTA, G. (1997) *Don Lorenzo Milani. Amico e maestro, con inediti della Scuola di Barbiana,* Verona, Colpo di fulmine.

MÜLLER, K. (ed.) (1996) *Konstruktivismus. Lehren. Lernen. Ästhetische Prozesse*, Berlin u. a., Luchterhand.

NISBETT, R.E./L. ROSS (1980) *Human Inference: Strategies and Shortcomings of Social Judgement,* Prentice-Hall, Englewood Cliffs.

O'MALLEY, J. M./A. U. CHAMOT (1990) *Learning Strategies in Second Language Acquisition*, Cambridge, Cambridge University Press.

OCHS, E. (1988) *Culture and Language Development.* New York. Cambridge University Press.

ORNSTEIN, R. (1998) *The right Mind: Making Sense of the Hemispheres*, New York, Harcourt Brace.

ORTNER HP./H, SITTA (2002) „Was ist der Gegenstand der Sprachwissenschaft?", Niemeyer, Tübingen.

OXFORD, R. L. (1990) *Language Learning Strategies: What Every Teacher Should Know*, New York, Harper & Row.

PAPERT, S. (1982) *Mindstorms: Kinder, Computer und neues Lernen,* Basel, Birkhäuser.

PARADIS, M. (1994) „Neurolinguistic Aspects of Implicit and Explicit Memory: Implications for Bilingualism and SLA", ELLIS, N. (ed.) *Implicit and Explict Learning of Languages*, London, Academic Press, 393–419.

PARADIS, M. (1997) „The Cognitive Neuropsychology of Bilingualism" in: DE GROOT, A.M.B./KROLL, J.F., *Tutorials in Bilingualism. Psycholinguistic Perspectives*, Mahwah, N.J., Erlbaum, 331–354.

PARADIS, M. (1998) „Acquired Aphasia in Bilingual Speakers", TAYLOR SARMO, M. (ed.) *Acquired Aphasia* (3rd. ed.) New York, Academic Press.

PERANI, D. et al. (1996) „Brain Processing of Native and Foreign Languages", *NeuroReport*, 7, 2439–2444.

PERANI D./S. CAPPA et al. (1999) „The Neural Correlates of Verb and Noun Processing: a PET study", *Brain* 122, 2337–44. Vorabdruck mit anderen Arbeiten zum Thema: http://www.unisa.it/Ricerca/Iniziative/nomieverbi/

PERDUE, C. ed. (1993) *Adult Second Language Acquisition,* Benjamins, Amsterdam.

PIENEMANN, M. (1984) „Psychological Contraints on the Teachability of Languages", *Studies in Second Language Acquisition*, 6, 186–214.

PIENEMANN, M. (1986) „L'effetto dell'insegnamento sugli orientamenti degli apprendenti nell'acquisizione di L2", A. GIACALONE RAMAT 1986, 307–326.

PIENEMANN, M. (1989) „Is Language Teachable? Psycholinguistic Experiments and Hypothesis", *Applied Linguistics*, 10/1, 52–79.

PIENEMANN, M. (1998) *Language Processing and Second Language Development: Processability Theory*, Amsterdam, Benjamins.

PINKER, S. (1998) „Roger Brown", *Cognition*, 66, 199–213.

PINKER, S. (1994) *The Language Instinct. The New Science of Language and Mind,* London, Penguin 1994.

POLANYI, M. (1985) *Implizites Wissen*, Frankfurt am Main, Suhrkamp.

POMPINO-MARSCHALL, B. (1990) *Die Silbenprosodie: Ein elementarer Aspekt der Wahrnehmung von Sprachrhythmus und Sprechtempo*. Tübingen, Niemeyer.

POMPINO-MARSCHALL, B. (1995) *Einführung in die Phonetik*, Berlin/ New York, de Gruyter.

PORTMANN, P. R. (1989) „Schreiben als Mittel der Organisation von Unterrichts- und Lernprozessen", HEID, M. (Hrsg.), *Die Rolle des Schreibens im Unterricht Deutsch als Fremdsprache,* München, Iudicium, 91–100.

PORTMANN, P. R. (1991) *Schreiben und Lernen. Grundlagen der fremdsprachlichen Schreibdidaktik*, Tübingen, Niemeyer.

PORTMANN-TSELIKAS, P.R./S. SCHMÖLZER-EIBINGER (Hrsg.) (2001) *Grammatik und Sprachaufmerksamkeit,* Innsbruck, Studien Verlag.

PORTMAN-TSELIKAS, P. (2002) *Textkompetenz und unterrichtlicher Spracherwerb*, in: PORTMAN-TSELIKAS, P. — S. SCHMÖLZER-EIBINGER (Hrsg.), *Textkompetenz. Neue Perspektiven für das Lernen und Lehren*, Innsbruck, Wien, Studienverlag.

PRICE LITTLE, B. (ed.) (1995) *Per una lingua in più. Saggi sull'insegnamento della lingua straniera per adulti,* Roma, Armando.

RAMUS, F. (1999) *Rythme des langues et acquisition du language.* Thèse pour l'obtention du grade du Docteur de l'EHESS, Paris: http://www.ehess.fr/centres/lscp/persons/ramus/these/

RAYNER, K./L. FRAZIER (1989) „Selection Mechanisms in Reading Lexically Ambiguous Words", *Journal of Experimental Psychology: Learning, Memory and Cognition,* 15, 779–790.

Referenzrahmen (2001), *Gemeinsamer Europäischer Referenzrahmen für Sprachen:* http://www.goethe.org/z/50/commeuro/i0.htm.

RICKHEIT, G./C. HABEL (eds.) (1995) *Focus and Coherence in Discourse Processing.*, Berlin, de Gruyter.

RICKHEIT, G./STROHNER, H. (1993) *Grundlagen der kognitiven Sprachverarbeitung,* Tübingen, Francke.

RICKHEIT, G./STROHNER, H. (Eds.) (1985) *Inferences in Text Processing.* Amsterdam, North-Holland.

RICKHEIT, M. (1993) *Wortbildung. Grundlagen einer kognitiven Wortsemantik*, Opladen, Westdeutscher Verlag.

RIEMER, C. (Hrsg.) (2000), *Kognitive Aspekte des Lehrens und Lernens von Fremdsprachen.* Festschrift für Willis J. Edmondson, Tübingen, Narr.

RIFESSER, TH. (1995) „Drei Sprachen unter einem Dach. Aufbau und Struktur der ladinischen Schule", *Scuola e lingue. Modelli scolastici plurilingui in Europa*, Merano, Alpha&Beta.

RODARI, G. (1973) *Grammatica della fantasia. Introduzione all'arte di inventare storie*, Torino, Einaudi.

RODARI, G. (1992) *Grammatik der Fantasie. Die Kunst Geschichten zu erfinden*, Stuttgart, Reclam.

RODARI, G. (1993) *I cinque libri*, Torino, Einaudi.

RODARI, G. (1996) *Das fabelhafte Telefon. Wahre Lügengeschichten*, Berlin, Wagenbach.

RODARI, G. (1997) *Fiabe fatte a macchina – Märchen aus der Schreibmaschine*, München, dtv.

RÖHR-SENDLMEIER, U.-M. (1985) *Zweitspracherwerb und Sozialisationsbedingungen*, Frankfurt am Main, Lang,.

ROSANELLI, M. (Ed.) (1992) *Lingue in Tandem. Autonomie und Spracherwerb,* Merano, Alpha & Beta.

ROSCH, E. (1975) „Cognitive Reference Points", *Cognitive Psychology* 7, 532–547.

ROSCH, E. (1978) „Principles of Categorization", In: ROSCH, E./B. LLOYD (eds.) *Cognition and Categorization*. New York. Hillsdale.

ROST-ROTH, M. (1995) *Sprachenlernen im direkten Kontakt. Autonomes Tandem in Südtirol. Eine Fallstudie*, Meran, Alpha&Beta.

SCHINDLER, R. (1957) „Grundprinzipien der Psychodynamik in der Gruppe", *Psyche,* XI, 308–314.

SCHMID-SCHÖNBEIN, C. (1993) „Die komplementäre Rolle von Erfolg und Misserfolg für die Konstruktion neuer Erkenntnisse – pädagogische Implikationen", W. EDELSTEIN/S. HOPPE-GRAFF (Hg.), *Die Konstruktion kognitiver Strukturen. Perspektiven einer konstruktivistischen Entwicklungspsychologie*, Bern, Huber, 178–194.

SCHMIDT, R. (ed.) (1995) *Attention and Awareness in Foreign Language Learning*, Manoa, University of Hawai'i Press.

SCHUMANN, J. H. 1997. *The Neurobiology of Affect in Language*, Oxford, Blackwell.

SCHWARZ, M. (1992) *Einführung in die Kognitive Linguistik*, Tübingen, Francke.

SELINKER, L. (1969) „Language Transfer", *General Linguistics*, 9/2, 671–692.

SELINKER, L. (1972) „Interlanguage", *IRAL, International Review of Applied Linguistics*, 10, 209–31.

SELINKER, L. (1992) *Rediscovering Interlanguage*. London, Longman.

SELINKER, L./D. DOUGLAS. (1985) „Wrestling with Context in Interlanguage Theory", *Applied Linguistics*, 6, 2, 190–204.

SELKIRK, E. (1984) *Phonology and Syntax: The Relation between Sound and Structure*, Cambridge, Mass., MIT Press.

SENDLMEIER, W. F. (1981) „Der Einfluß von Qualität und Quantität auf die Perzeption betonter Vokale des Deutschen", *Phonetica*, 38, 291–308.

SENDLMEIER, W. F. (1985) *Psychophonologische Aspekte der Wortwahrnehmung*, Hamburg, Buske.

SENDLMEIER, W. F. (1989b) „Aufmerksamkeitssteuerung als Methode eines Hörtrainings im Fremdsprachenunterricht", *Deutsche Sprache*, 17, 40–51.

SENDLMEIER, W. F. (1992) *Sprachverarbeitung bei pathologischem Gehör*, Stuttgart/New York, Thieme.

SENDLMEIER, W. F. (1994) „Phonetisch-rezeptive Aspekte des Fremdsprachenerwerbs", *Zeitschrift für Fremdsprachenforschung*, 5: 26–42.

SENDLMEIER, W. F. (1996) „Mentale Repräsentation von Lautsprache", *Zeitschrift für Semiotik*, 18/2–3, 235–249.

SENDLMEIER, W. F. (1997) „Phonetische Reduktion und Elaboration bei emotionaler Sprechweise", HAASE, M./D. MEYER, *Von Sprechkunst und Normphonetik*. Festschrift für Eva-Maria Krech, Halle/S., Dausien, 169–177.

SENDLMEIER, W. F. (2000) „Lautsprachliche Informationsverarbeitung beim Fremdsprachenerwerb", U. A. KAUNZNER (Hg.), *Pronunciation and the Adult Learner: Limitations and Possibilities*, Bologna, CLUEB, 113–128.

SHARWOOD-SMITH, M. (1981) „Consciousness-Raising and the Second Language Learner", *Applied Linguistics*, 2: 159–168.

SHORT, D. (1994) „Expanding Middle School Horizons: Integrating Language, Culture, and Social Studies", *TESOL Quarterly, 28,* 581–608.

SIMONE, R. (1976) „L'educazione linguistica dalla lingua al linguaggio", *Scuola e città,* agosto-settembre 1976, 319–340.

SIMONE, R (1991) *Fondamenti di linguistica,* Roma/Bari, Laterza.

SINCLAIR, J. (1991) *Corpus, Concordance, Collocation,* Oxford, Oxford University Press.

SINCLAIR, J. (1994) „Trust The Text", COULTHARD, M. (Ed.) *Advances in Written Text Analysis*, London, Routledge, 13–25.

SKEHAN, P. (1989) *Individual Differences in Second Language Learning,* London, Arnold.

SMITH, E. E., AND J. JONIDES. (1997) „Working Memory: A View From Neuroimaging", *Cognitive Psychology* 33, 5–42.

SMITH, N. V./I. M. TSIMPLI (1995) *The Mind of a Savant: Language Learning and Modularit,* Oxford, Blackwell.

SNOW, M.A./M. MET/F. GENESEE (1989) „A Conceptual Framework for the Integration of Language and Content in Second/Foreign Language Instruction", *TESOL Quarterly, 23,* 201–217.

SPERBER, D./D. WILSON (1986/1995) *Relevance*, Oxford, Blackwell.

SPERBER, D./D. WILSON (1997) „The Mapping between the Mental and the Public Lexicon", *UCL Working Papers in Linguistics* 9, 1997.

STERNBERG, R: J. (1997) *Thinking Styles*, Cambridge, Cambridge University Press.

STOCK, E. (1996) *Deutsche Intonation*. Berlin/München, Langenscheidt.

STROHNER, H. (1990) *Textverstehen. Kognitive und kommunikative Grundlagen der Sprachverarbeitung*, Opladen, Westdeutscher Verlag.

STUTTERHEIM, C. v. 1986. *Temporalität in der Zweitsprache. Eine Untersuchung zum Erwerb des Deutschen durch türkische Gastarbeiter*, Berlin, de Gruyter.

SUCHAROWSKI W. (1996) *Sprache und Kognition. Neuere Perspektiven in der Sprachwissenschaft,* Opladen, Westdeutscher Verlag.

SWINNEY, D. (1979) „Lexical Access during Sentence Comprehension", *Journal of Verbal Learning and Verbal Behavior*, 18: 645–659.

TARONE, E. (1988) *Variation in Interlanguage*, London, Edward Arnold.

THÜNE, E. (1998), *All'inizio di tutto la lingua materna*, Torino, Rosenberg & Sellier.

TOMASELLO, M. (2000) *The Cultural Origins of Human Cognition,* Harvard, Harvard University Press

TSCHIRNER, E. (1996) „Scope and Sequence: Rethinking Beginning Foreign Language Instruction", *The Modern Language Journal,* 80, 1–12.

ULLMAN M, CORKIN S, COPPOLA M, HICKOK G, GROWDON JH, KOROSHETZ WJ AND PINKER S (1997) „A Neural Dissociation within Language: Evidence that the mental dictionary is part of declarative memory, and that grammatical rules are processed by the procedural system", *Journal of Cognitive Neuroscience,* 9, 289–299.

VARELA, F.J./E. THOMPSON/E. ROSCH. (1992) *The Embodied Mind. Cognitive Science and Human Experience,* Cambridge Mass., MIT Press.

VALÉRY, P. (1992) *Cahiers/Hefte*, Bd. 5, übersetzt von R. Huschke, H. Köhler, J. Schmidt-Radefeldt, Frankfurt am Main, S. Fischer.

VIHMAN, M. M (1996) *Phonological Development. The Origins of Language in the Child*, Oxford, Blackwell.

VIOLI, P. (1997) *Significato ed esperienza.* Milano, Bompiani.

VOGEL, I./S. SCALISE (1982) „Secondary Stress in Italian“ in: *Lingua*, 58: 213–242.

VOGHERA, M. (1992) *Sintassi e intonazione nell'italiano parlato*, Bologna, Il Mulino.

VYGOTSKIJ, L. S./LURIJA, A. R./LEONT'EV, A. A. (1969) *Psicologia e pedagogia*, Roma, Editori Riuniti.

WEINERT, S. (1990) *Spracherwerb und implizites Lernen. Studien zum Erwerb sprachanaloger Regeln bei Erwachsenen, sprachunauffälligen und dysphasisch-sprachgestörten Kindern,* Bern, Göttingen, Toronto, Huber.

WEINERT, S. (1996) „Prosodie – Gedächtnis – Geschwindigkeit: Eine vergleichende Studie zu Sprachverarbeitungsdefiziten dysphasisch-sprachgestörter Kinder“, *Sprache und Kognition*, 15, 46–69.

WEINERT, S. (2000) „Sprach- und Gedächtnisprobleme dysphasisch-sprachgestörter Kinder: Sind rhythmisch-prosodische Defizite eine Ursache?“, K. MÜLLER & G. ASCHERSLEBEN (Hrsg.), *Rhythmus. Ein interdisziplinäres Handbuch,* Bern: Huber, 255–283.

WEINREICH, U. (1953) *Languages in Contact: Findings and Problems.* New York: Publications of the Linguistic Circle of New York, No. 1. *Lingue in contatto*. Con saggi di Francescato Grassi Heilmann. Torino, Boringhieri 1974. *Sprachen in Kontakt: Ergebnisse und Probleme der Zweisprachigkeitsforschung.* Mit einem Vorwort von A. Martinet. München: Beck 1976.

WEINRICH, H. (1993) *Textgrammatik der deutschen Sprache*, Mannheim, Dudenverlag.

WEINRICH, H. (2000) *Linguistik der Lüge*, sechste, durch ein Nachwort erweiterte Auflage, München, Beck.

WENZEL, W. (1971) „Rezension zu V. A. Artemov. Psychologie des Fremdsprachenunterrichts“, *Deutsch als Fremdsprache*, 3, 187–191.

WERKER, J. /R., TEESE (1984) „Phonemic and Phonetic Factors in Adult Cross-language Speech Perception“, *Journal of the Acoustical Society of America* 75, 1866–1878.

WITTGENSTEIN, L (1979), *Bemerkungen über Frazers* Golden Bough, hrsg. Von Rush Rhees, Brynmill, Humanities, 1979.

WITTGENSTEIN, L. (1986) *Philosophische Untersuchungen*; Frankfurt am Main, Suhrkamp

WITTGENSTEIN, L. (1977) *Vermischte Bemerkungen*, Frankfurt am Main, Suhrkamp.

WOODWARD, T. (1996) „Paradigm Shift and the Language Teaching Profession", WILLIS, J./D. WILLIS (eds.), *Challenge and Change in Language Teaching.* Oxford, Heinemann, 4–9.